U0054527

思想觀念的帶動者

文化現象的觀察者

本土經驗的整理者

生命故事的關懷者

心靈工坊 |PsyGarden|

Holistic

探索身體，追求智性，呼喊靈性

攀向更高遠的意義與價值

是幸福，是恩典，更是內在心靈的基本需求

企求穿越回歸真我的旅程

地球就是諮商室

超越人類中心主義，邁向生態心理治療

Towards an Ecopsychotherapy

瑪莉－珍·羅斯特

（Mary-Jayne Rust）｜著

周大為、陳俊霖、劉慧卿｜譯
陳俊霖｜審訂

社團法人中華民國荒野保護協會　合作出版

【致謝】

　　非常感謝地球，以及共享這片美麗家園的所有生物，這些生物在人類的手中遭受了巨大的苦難。感謝對本書初稿提出意見的朋友與同事們：亞德里安・亨立克斯（Adrian Henriques）[1]、戴夫・基（Dave Key）[2]、艾瑪・帕默（Emma Palmer）[3]、希拉蕊・普倫提斯（Hilary Prentice）[4]、珍・萊恩（Jane Ryan）[5]和尼可・托頓（Nick Totton）[6]。

---

[1] 編註：亞德里安・亨立克斯（Adrian Henriques），英國知名企業社會責任實行家實行家、教育家與作家。

[2] 編註：戴夫・基（Dave Key），英國知名作家、轉化教練、NLP（身心語言程式）訓練師。

[3] 編註：艾瑪・帕默（Emma Palmer），英國心理治療師與作家。

[4] 編註：希拉蕊・普倫提斯（Hilary Prentice），英國生態心理運動先驅。

[5] 編註：珍・萊恩（Jane Ryan），英國心理治療師。

[6] 編註：尼可・托頓（Nick Totton），英國心理治療師與作家。

【推薦序】

讓我變成蒲公英吧！

蔡怡佳（輔仁大學宗教學系教授）

　　生態心理學在臺灣的開展與《生態心理學：復育地球、療癒心靈》與《失靈的大地：生態心理學的反思與實踐》在心靈工坊的出版有很大的關係。生態心理學雖然尚未出現在臺灣心理學相關系所的課程中，卻是關切環境教育與環境運動的人們在反思人與自然之關係時的重要思想資源。這個位居學術邊緣，但也因爲邊緣而有著基進性格的心理學回應了生態人面對環境議題時尋找文化心理根源的關切。事實上，《生態心理學》（*Ecopsychology*）作為在臺灣登場的首部曲，正是荒野保護協會志工翻譯的成果，也是荒野保護協會推動「生態心」活動時的基本研讀著作。《地球就是諮商室：超越人類中心主義，邁向生態心理治療》是延續生態心理學在臺灣推動的第三部作品。本書的作者瑪莉-珍·羅斯特（Mary-Jane Rust）有榮格分析師的背景，長年推動生態心理學，也有多年在戶外進行心理治療的經驗，本書正是將生態心理學的反思帶入心理治療之

實踐的精彩之作。

　　羅斯特在本書首章先分享了她在戶外進行心理治療的經驗。走入戶外的心理治療改變了我們對於「戶外」的理解，「戶外」拓展了我們對於諮商室的固有想法。原來以人與人之交流為中心、將諮商室當作空間背景的心理治療，在走入「戶外」時，現今阻絕自然的生活方式中人與自然的疏離被打破。這樣的打破將自然重新帶入我們的心靈內室，也將心靈內室擴展，成為詹姆斯・希爾曼（James Hillman）在為《生態心理學》寫序言時所提到的「以地球為度的心靈」。當人們體驗到自然作為心靈開展的涵融之地時，諮商室中人與人的親密交流在自然這個新容器中也得到了新的隱喻和映鏡痛苦經驗的可能。羅斯特分享了在自然之中許多奇妙的共時性經驗，「猶如恩典的介入，使人經驗到完整」。然而，走入戶外的心理治療並不意味著只能在室外進行，而是恢復那「腳踏實地」（grounding）於自然中，從而使人完整的視野與體驗。

　　生態心理治療有許多生態療法的前驅，這些前驅認識到植物、樹木、動物、基本元素（石、水、火），以及「野性」可以成為人們請益的老師，以及在痛苦中的撫慰。生態療法大多不依靠人類的語言，且容許複合的行動同時開展。羅斯特提到始於 1992 年的 Nature Growth Project 如何以倫敦北部的市民農地為基地，為尋求政治庇護者與難

民進行治療。這些從不同文化流離到英國的人們，難以在狹小侷促的諮商室中，用他們不熟悉的語言說出心中的創痛。但在進行園藝、和土地建立關係的過程，心底的傷痛容許以自然的節奏接近，自然的力量也默默成為心靈的力量，讓這些流離至異鄉的人們得以言說其苦痛，並在新的土地上開始植根。這個把心理工作與種植、共食、以及多元文化經驗結合在一起的療癒計畫，成為之後在英國推展類似計畫的基礎。心理治療擴展其諮商室，並與其他生態治療結合，在臺灣推動的綠色照護也可以見到這種合作。荒野保護協會的「生態心」致力於推動心理工作者與環境工作者的共學與共同實踐行動，也是臺灣在地複合式實踐的例子。

　　除了上述生態治療對於生態心理治療的影響，生態心理治療認同生態心理學將人類的苦痛與地球苦痛連結的認識，因而擴展了心理治療對於心靈苦痛之來源的理解。環境危機背後的文化心理根源與人類中心主義有密切關聯，而地球所承受的苦痛、人類對於非人類世界的壓迫又與人類世界中種種的壓迫交相錯疊。在討論人的完整性時，不能避開人類世界與非人類世界的倫理關係，也不能無視人類與非人類世界中權力與壓迫的議題。這些在心理治療比較少被討論的面向，也是生態心理治療可以對心理治療提出的重要提醒。反過來說，當心理治療開始納入人與地球

的共苦的視野，就像羅斯特在書中所提出的「與更大整體相關的創傷及療癒」，心理治療也可以成為回應地球眾生之苦痛的實踐途徑。

本書的最後一章以社區之生命網絡的整體觀來談社區中的生態心理治療，羅斯特提到運用儀式、藝術、故事、想像力、展覽、文化心理治療等等促進改變的方式。以社群為基礎提出回應自然與人類苦痛的種種實踐方案，說明了生態心理治療如何成為「整體而多樣的實踐」。把人類痛苦與地球痛苦連結的視野，對心理治療帶來新的洞見，也構成新的挑戰。走入大地的心理治療改變了心理治療習慣依靠的諮商空間、姿勢、說話的樣態，以及時間的支配，對從事心理工作的治療者來說，可能會因為離開慣性而覺得無所適從。羅斯特在本書對心理治療工作者所提出的新框架與實踐方式也意味著工作者要踏上脫胎換骨之道。在與他人之痛苦同行的艱難之中，治療者其實也在經歷著一次又一次的脫胎換骨。生態心理治療所指出的治療者的轉變，讓我想到日本作家內田麟太郎為經歷三一一大地震的孩子所創作的《ひばりに》（雲雀），詩的大意是：

> 看見垂頭喪氣的你，我什麼也說不出來。
>
> 沒有話語可以傳達你的悲傷。
>
> 那麼，讓我變成蒲公英吧！在你身旁綻放。

讓我變成蒲公英的絨毛吧！讓你把我吹到空中，

成為你的信差，向雲雀訴說思念的千言萬語。

垂頭喪氣的你，為了把我吹到天空，會將頭抬起，仰
望天空。

你吹出的那陣小小的風、藏不住的喜悅的哽咽，

就這樣向雲雀訴說吧！

說那些關於風的、小小的、微微的故事。

　　這首為了安慰孩子而寫的詩加上植田真的繪圖後，成
了一本繪本。被垂頭喪氣的孩子吹到空中的蒲公英，讓我
感受到羅斯特在全書最後所提到的「絕望時代中的希望」。
為了成為他人苦痛的信差，治療者可以變成蒲公英。我想
把這樣的意象傳遞給閱讀本書後，願意走上脫胎換骨之道
的讀者。

【審訂序】

以行星為諮商室，療復個人與環境的大局

　　與作者瑪莉-珍・羅斯特（Mary-Jayne Rust）的緣分，要回到早年開始引進生態心理學思想的源頭說起。1995年荒野保護協會成立後接觸到生態心理學（ecopsychology），2010年與美國保育大團 Sierra Clun 聯繫，翻譯出版《生態心理學》一書，其後適逢林益仁老師邀請澳洲保育前輩約翰・席德（John Seed）訪台，2011年在臺辦理《生態心理學》書中多次提到的「眾生大會」（The Council of All Beings）工作坊。再透過他的引介，與被第一代生態心理學思想喚醒的本書作者，並是榮格分析師的瑪莉-珍・羅斯特取得聯繫，邀請她在2013年訪臺講學及辦理工作坊，繼而在心靈工坊前任總編輯王桂花的積極安排下，於2015年翻譯出版由羅斯特主編的《失靈的大地》。這一系列的發展可參考心靈工坊出版的《生態心理學》、《失靈的大地》兩書的導讀與譯序，在臺灣算是引進生態心理學思想的重要脈傳。原本2017年的園藝治療國際研討會邀請羅斯特再

次訪臺，以「生態心理學：大自然的療癒力」為題發表演講，無奈她為安頓年邁雙親，臨行前取消了行程。之後又遇上 COVID 疫情肆虐全球，英國更是重災區之一，便一直未能成行。所幸因為生態心理學思想在臺灣逐漸成長，加上她身為榮格分析師，也讓我們一直保持聯繫，並在她出版《*Towards an Ecopsychotherapy*》（中譯書名《地球就是諮商室》）一書時，很快著手進行中文翻譯事宜。

　　生態心理學的濫觴，向以 1990 年代研究非主流文化的歷史學家羅斯札克（Theodore Roszak）號召關心環境的心理學家、心理治療師們匯聚合流，合編《生態心理學：復育地球，療癒心靈》（*Ecopsychology: Restoring the Earth, Healing the Mind*）一書為最明確的起點。除了以心理學剖析人類破壞環境行為背後的心理動力因素之外，也發展出各種猶如心理工作坊的行動方案，試圖讓每個人心中的生態無意識（ecological unconscious）可以被揭露而意識化，讓人們可以探索並整合內在的生態自我（ecological self），治療人們在文明發展過程中所罹患的大自然缺失症 / 自然天性缺陷障礙（NDD, nature-deficit disorder），發展社群治療（community therapy）療癒人與自然關係（human-nature relationship）等。在環境運動中，尤其以解說、教育模式宣揚環境理念的領域裡，開始看到許多像是在做心理成長團體、團體心理治療般的畫面，擴展出許多生態心理學式的

內在工作。

再從環保圈向外看的話，把自然元素用在健康問題上的各種綠色照護模式：園藝治療、荒野治療、冒險治療、森林療癒、動物輔助治療、生態療法……等，也陸續從國外引入臺灣。除了豐富身心靈工作的媒材之外，更重要的還是促成反思：我們當初又是怎麼把這些現在拿來療癒人們的丹藥——大自然——剷除了，然後現在再回頭把大自然拉回來療癒人們？有趣的是，至少就我的觀察與參與經驗而言，這一個領域在臺灣的發展，除了少數專業醫療人員、心理治療師們在既有繁忙工作外的參與，更多的似乎是非治療專業的綠人、環保主義者、尋求自我療癒者、關切家人健康者、中年反思生活的職涯翻轉者等，從醫療照護專業之外轉行投入。

這也無可厚非，畢竟現在的專業人員們當年受訓的典範，與新發展的生態療癒典範並不相同，典範的演變與轉移需要時間。這也讓我聯想起當年聽到約翰·席德大學時主修的是心理學，還很理所當然地覺得他是因此連結上生態心理學，不料他很明確地否認，直言當初學的實驗心理學、行為主義實在跟他後來的生態心理學取徑沒有什麼直接的關連。而現行專業照護工作的標準繁重，已經讓大家忙得透不過氣，難以撥出心力。有些時候，我們反而試著用綠色照護模式來幫醫院裡的其他同仁辦理紓壓放鬆的員

工協助方案。還好這樣的綠色能量，還是在實務工作的其他角落慢慢累積起來。而羅斯特身為一位資深的心理治療師，引路在前分享心得，期待也讓更多心理治療專業者願意走上這條道路，開始形塑生態心理治療師的角色。

而這種生態心理治療，終究不該只是一份運用自然資源來服務人類的工作，在生態心理學的發展使命下，生態心理治療師應該肩負起透過療癒人心，以達到復育地球的終極目標。本書的後半段便將個別治療室的視野再擴大，以行星為治療室，療復整個人與環境的大局。生態心理治療，既是「生態」化的「心理治療」，也該是對全人類「生態心理」的「治療」。本書言簡意賅，微言大義，許多作者一、兩句話帶過的人物、組織、事蹟，細查之後都可以擴展成動人的章節。這本篇幅不大、格局不小的書，希望也能帶動國內的生態心理思想與生態心理治療實務，再次邁前一步。期與治療工作者們共勉之。

陳俊霖

榮格分析師

精神科醫師

2022 年 6 月

【中文版序】

如果你愛這個地球

　　我很榮幸此書被翻譯為中文。非常感謝俊霖在臺灣的生態心理學領域提燈前行。

　　此書於 2020 年 3 月出版以來，Covid-19 肆虐全球，外加日益嚴重的山火與旱澇。不意外地，我們正在目睹一場生態焦慮與生態悲慟的大瘟疫。許多治療師正在尋求支援，想要學習如何回應個案們對於我們唯一的家園——地球——的關切。有些治療師甚至試著將治療室移到戶外，在綠地裡與案主會談。這是一個重大的改變。在這本書裡，你將看到一些故事，有些描述在戶外進行心理工作的好處與挑戰，還有一些則是來談生態焦慮與生態悲慟議題的個案。

　　然而，生態心理治療不只是談談生態焦慮或移到戶外工作。我們與人類以外世界的關係，也會透過夢境、童年的記憶、祖先的創傷與深度療癒的經驗、愛與連結等，出現在心理會談中。從我們盪漾在母親的子宮中受孕的那一刻開始，我們就開始與大自然產生關連。

　　無論你是不是個治療師或個案，如果你愛這個地球，也愛這個居住在她的江河、她的森林、她的山巒、和她的原野上的眾生群聚，都將會在這本書所述說的故事中找到滋養。

目錄

【導讀】

　　生態心理治療是一種相對較新的心理治療形式，這
種治療了解人類之間的關係繫存於地球上更大的生命環境
中。生命網絡不僅是生物的集合，更像是土地─水─天
空─樹─空氣─生物─太陽─人的連續體。當該連續體內
的關係被破壞時，就會產生創傷。我們無法孤絕地療癒自
身。心理治療邀請我們講述我們人際關係的故事；生態心
理治療（ccopsychothcrapy）將其擴展到我們與地球的故
事、人類關係所處在的來龍去脈或時空背景。

　　生態心理治療只是生態心理學領域提出的眾多生態療
法之一，它是對人類與自然界的關係的探究。生態心理治
療是一種生態療法（ecotherapies），它也關注內心世界以
及治療師與個案的關係。覺察到該治療領域內的權力結構
後，我想強調一點，這不代表生態心理治療比其他形式的
生態療法更好，而只是提供某些個案可能會受益的另一種
方法。我選擇的書名 *Towards an Ecopsychotherapy*（意為邁
向生態心理治療）將這視為一個新興領域來討論。

　　隨著氣候混亂的加劇，越來越多人開始意識到環境危機的嚴重性，我們也更深刻地覺察到地球與我們之間的關係已經功能失調——而地球是我們賴以生存的基礎。對危機的覺醒是一把雙刃劍。一方面，目睹因人類現行制度而受苦的土地、生物和人民卻無法著手改變，是非常痛苦的事；而另一方面，危機迫使我們記起我們是世界網絡的一部分。生命充滿著難以置信的豐富和神祕。從我們在母親子宮中受孕的那一刻起，我們便與土地保持著聯繫。我們都出生在土地上，擁有自己獨特的特質和氛圍。我們經常談論愛上地球上某個特別的地域，當這片地域被所謂的「開發」摧毀時感到沮喪哀傷。在戶外閒晃看到滿天的星斗，抑或在山邊水涯渡過時光可能會心盪神搖，且具有轉化與療癒性。

　　我們中有許多人與動物或樹木形成緊密的連結。我們在童年時期的第一次經驗死亡，很可能是因為失去愛犬或愛貓。有些人通過樹木的陪伴或親密的動物夥伴尋求慰藉，得以逃離功能失調的家庭。沒有這些關係，我的許多個案可能無法存活下來；有時，這是他們一生中唯一經驗過的無條件之愛。花園、公園或海灘可以成為遊樂場，通往魔法世界的大門就在此敞開。當然，這是指如果我們在童年時期有幸能夠出去戶外玩耍；而這對於許多人來說，已經被螢幕上的娛樂所取代，而且城市地區的人們可能無

法使用綠色空間。

　　然而，大多數形式的心理治療和諮商也僅關注於人類的關係。早在 1960 年，精神分析師哈洛德‧席爾斯（Harold Searles）[7] 就描述：「非人類環境……被認為與人類人格發展以及與精神疾病的發展無關……好像人類是獨自在宇宙中，在一團均勻虛無的基質中追求著個體和集體的命運，」（1960, p.3）。這是更廣泛文化態度的一部分，在這種文化態度中，我們認為自己與所有其他生命形式是分離的，並且優於所有其他的生命形式。今天，我們正是在這種脈絡中進行心理治療。自然而然地，隨著自然形勢的惡化，我們正看到越來越多人出現「生態焦慮」（eco-anxiety）或「生態悲痛」（eco-grief）。這些並不是需要治療來處理的病理症狀；相反地，它們是對危機世界的健康反應，需要在人類社群中被分享和護持。

　　地球律師（Earth lawyer）波利‧希金斯（Polly Higgins）[8] 將對生態系統的廣泛破壞稱為「生態滅絕」（ecocide），並敦促國際刑事法院（International Criminal Court）所訂的《羅馬規約》（*Rome Statue*）將生態滅絕列為第五種危害和平罪（Crime against Peace）。正如精神分析

---

[7] 編註：哈洛德‧席爾斯（Harold Searles），藉由精神分析治療思覺失調症的精神醫學的先驅之一。

[8] 編註：波利‧希金斯（Polly Higgins），英國著名律師、作家與環保工作者。

師莎利‧溫特羅布（Sally Weintrobe）[9]指出：「將生態滅絕定為戰爭罪行時，戳破了人類自滿的巨大泡沫，也就是我們以為生活在和平時代的想像」（Weintrobe, 2013, p.1）。然而，我們卻依然故我地生活著。

心理治療的經驗告訴我們，改變既不容易，也不是線性的。自我的一部分想要改變，而另一部分則想視而不見，繼續「照常」生活。看到許多人走上街頭，投身於反抗滅絕運動（Extinction Rebellion）和青年氣候抗爭，有些人覺得寬慰，但另一些人則抱怨這對他們的「正常」生活造成「破壞」。一次認真的診療確實會打亂我們的日常生活！這需要我們退後一步，長期認真看清自己的立場，以了解問題的根源，以及如何使自己恢復平衡。

這本小書將提供一些關於生態心理治療實踐的種類及歷史、重要的主題、思想和爭議。第一章描述生態心理治療的戶外實務工作。第二章簡要介紹生態治療（ecotherapy）的歷史以及當今提供的多種實務模式，包括該領域面臨的挑戰。第三章概述生態心理學（ecopsychology），為生態心理治療提供一些脈絡與敘事。第四章和第五章將回到心理治療室的傳統設置架構，探索我們與人類外世界的關係對療程的各種影響。第四章的重點是個案如何談論（或不談

---

[9] 編註：莎利‧溫特羅布（Sally Weintrobe），英國精神分析師。

論）生態危機，以及治療師可能如何應對。第五章探討人類中心主義（anthropocentrism）如何影響治療工作。第六章總結生態心理治療的重要條理。第七章則超出極端個人實務的心理治療之外，進一步思考當許多人問到在這個動盪的時期，我們該從哪裡找到希望，當我們陷入生態文明的困境時，心理治療技術和洞見可能對我們的主流文化提供何種幫助。這些章節可以按任何順序閱讀。對於希望從理論概述開始的讀者，請從第三章開始。對於希望在更傳統的治療室環境中開始生態心理治療的讀者，請從第四章和第五章開始。對於像我這樣、希望從在樹林中鮮活的個人故事開始的讀者，請按原文的排序閱讀。從實踐開始，然後找方法去理解，是我學習的方式。我發現這與我們的主流文化不符，後者通常在還沒進入實務之前想先從概念著手。

本書所有臨床材料均取得使用授權，並且已大幅改寫。

關於「自然」（nature）一詞的註釋：為了避免我們的語言給予人與自然分離的印象（例如「出走而進入自然」〔going out into nature〕），我將使用一系列的句子，例如「人類外世界」（other-than-human world）、「超乎人類的世界」（more-than-human world）或「自然的其他存在」（the rest of nature）。有時我會大寫自然（Nature），意指我們所居住更大的整體，神聖的生命網絡。

1
在戶外進行治療

人類外世界所使用的自然語言提供了隱喻和鏡映，使我們
能夠退後一步，從另一個角度看待自己，使我們從理性到
想像，從平鋪直述到訴說故事。當我們體驗生態心理學家
所謂的生態自我時，就會感到覺察力的擴展。

　　當我從柏油路跨入森林的時候，我的感官被喚醒：翠綠的生命比比皆是，空氣中充滿了鳥兒們的低語，樹木沙沙作響與葉子的氣味，讓我再次擁有呼吸的空間。透過樹木的縫隙，看見綠色山丘的景色，使我的視線放鬆，當我將心神沉入身體時，可能一直在擔心的問題開始消失，理性的心智及其不斷翻攪的思緒逐漸平靜下來。當我和樹木交換呼吸時，我開始看到皮膚下的「自我」（self）與自然界之間沒有明顯的分界。小「我」（I）由此開始意識到大我。與地球建立關係其實正如字面上一般，要腳踏實地（grounding），並且擁有穩定情緒和整個身心的能力。難怪有些治療師在戶外與個案一起工作。

　　在本章中，我將提供一些我自己在戶外進行治療的經驗，並思考這可能對個人心理治療的過程產生什麼影響。我從 2007 年開始與個案進行戶外工作。在這之前，我已經沉浸於生態心理學領域十年，在此期間，我與戶外教育工作者戴夫‧基曾經在蘇格蘭西海岸一起引導荒野避靜活動（wilderness retreats）。這項經驗讓我確信在野地裡進行團體或個人工作，無論對我們與身體的關係，還是與人類外世界的連結，在情感上與靈性上都極具轉化力。

　　當我正在考慮如何在戶外進行治療時，我的個案蒂娜（Tina）（她知道我是生態心理學家）問我是否可以在房子後面的森林裡碰面會談。我們討論了幾個星期，一起思

索這對我們已進行了幾年的心理工作而言，可能意味著什麼。感覺上這像是一舉躍入未知的世界。

我已經擔任治療師工作三十多年，像大多數治療師一樣受過訓練，認為治療室是治療工作重要的容器。日復一日，房間始終保持不變，並且為高度私密、極度具有情緒性、敏感且親密的交流，提供一個安全密閉的環境。然而當時並沒有讓心理治療師在戶外工作的訓練或指導，雖然某些治療師私底下承認他們在夏季的幾個月當中，會與個案在花園中會談。

最終，蒂娜和我決定在我們通常會談的時段，在我家旁邊的森林邊緣碰面。我請她帶路穿過樹林，她在大橡樹下找了一塊可以安坐的地方。剛開始我們之間有些尷尬；熟悉的椅子不見了，這會兒我們置身中性的區域，並排坐著，轉移著我們之間的力量平衡。當我們進入這個地方時，感覺到溫暖的陽光從樹葉透出，我注意到這樣做，深深地滋養與支持著身為治療師的我。我們背靠著的大橡樹，在上方提供了耀眼的綠色樹冠，這棵樹是較遼闊的、活生生網絡的一部分，這網絡涵容著我們。雖然我們兩個人的關係仍是中心，但環繞著我們的每棵樹木，以及所有棲存於森林中的關係（包括遛著人類的狗兒），這下都出現在這次會談之中。

我還注意到，我得要花點時間才能擺脫一種不安全

感，甚至是一種多疑，擔心會被同事發現有點逾越邊界而被「除名」！當我瞭解到，這是一種新的治療性互動形式，被稱為生態治療（ecotherapy）後，我獲得了信心。

一開始我們繼續進行與室內相同的對話。但是幾週下來，我們開始與森林中的其他生命發生一些有趣的交會。我記得一個感動的片刻，某次會談中，蒂娜一時說不出話來。這是一種令人焦慮的靜默，我可以告訴她，她正感受到情緒難以連結而覺得痛苦。我試圖用語言架起一座橋樑，但我們之間的鴻溝仍然存在。這樣的情況曾在室內治療時發生過好幾次。蒂娜的母親是個完美主義者，生活在一個抽象的學術世界裡。在移情作用下，我成了她嚴厲愛批評的母親。繼而，她成了一個不夠好的女兒，覺得她說的話都是愚蠢或毫無意義的。有時候她就可能會停頓在這種凍結狀態，在會談時段中長時間無法對話。

當我們同坐在森林時，群鳥的交鳴，以及樹葉間的風聲緩解了我們之間的沉默。當我再次嘗試向蒂娜說些什麼時，我注意到兩隻松鼠在我們對面的樹幹周圍互相追逐。我問她是否感到被我追趕；她微笑著承認。我們陷入另一陣沉默。然後，在同一刻，我們倆向下看了一眼，一隻小得不能再小的蜘蛛在我們的肩膀之間編織了一張網。我們彼此咧嘴笑了笑，無聲地驚歎著蜘蛛是如何在我們之間架起一座橋樑，那是不需要語言就建起的深厚連結。我們倆

都陷入另一種完全不同的沉默中：沉思，敬畏。蒂娜知道時間快結束了，所以問：「我們現在要怎麼離開？」這是個我沒有答案的好問題。然而，當我們再次向下看時，蜘蛛和她的網完全消失了。在後續幾次的會談中，我們談到了蜘蛛網如何讓我們確定，我們可以信任生活中建立連結的過程。也許，我們彼此並排坐在一棵樹下，而不是坐在我的會談室裡，這一點也有幫助，這可能減輕了她對我「至上全能」的感覺。

那一年稍後，蒂娜失去了母親。經過幾個月的哀悼，她在一次會談進行中表示：「我不會再有新的人生。」就在那一刻，一顆橡實掉到她的腿上。第二年春天，她再次表達自己不可能找到重生的感覺時，我們都注意到許多細小的毛毛蟲懸浮在看不見的細絲上，就像飄在空中一樣，被微風輕拂。這些生命活生生的反應都有助處於哀悼狀態的她。在很多方面，自然中關於生死的信息，隨著季節的更替，表達得比我更為直接。

對於過程的反思

將心理治療帶入森林，提供了一種截然不同、充滿創造性的工作方式。與室內空間不同，如果我們知道如何傾聽，戶外會不斷變化，持續與人的內在、與人際互動的歷

程進行著對話。人類外世界所使用的自然語言提供了隱喻和鏡映，使我們能夠退後一步，從另一個角度看待自己，使我們從理性到想像，從平舖直述到訴說故事。當我們體驗生態心理學家所謂的生態自我（第三章中概述的觀念）時，就會感到覺察力的擴展。

蒂娜的故事闡明，治療師和個案之間的權力位階可以透過治療師和個案進入一個沒有固定座位的共享空間來改變。接著，這緩和了移情作用中的動力，移情作用在室內會傾向變得凍結。其他作者也有類似的觀察（Jordan, 2005. p.50）。

一些作者曾介紹過這樣的想法，在戶外工作使得二元的治療關係變成三角關係：治療師—個案—自然。這一來在會談中會有「第三者」出現（Jordan,2005, p.50; Brazier, 2018, pp.79-93）。這個想法已被運用於藝術治療中，用來表達治療師、個案和意象之間所具有的三角關係。其他人則建議以大自然做為共同治療師（co-therapist）或治療夥伴（Jordan, 2005, p.121; Brazier, 2006）。當我們將例如一棵樹視為第三者時還說得通。然而，當我們將「第三者」擴展到我們所居住的更大的活生生整體大自然時，這變得更加令人困惑，畢竟我們一直處在自然中，無論是室內還是室外。就此而言，「第三者」或「共同治療師」的說法，在我看來，似乎不足以描述自然這樣難以言喻的存在。

超理性經驗

　　共時性（synchronicities）經常發生在戶外。其他心理
工作者也發現如此（Totton, 2011, p.160）。榮格（Jung）將
共時性定義為同時發生的兩件事，它們藉由意義，而不是
透過因果關係，聯繫在一起（Jung, 1955）。這樣的時刻提
供另一種觀看世界的門戶，讓我們可以體驗到萬事萬物都
在一個連續動態的關係裡，處於一個統一的實相中，一切
從中出現，最後一切又回歸其中。榮格和包利（Pauli）[1]此
基質稱為 unus mundus，也就是拉丁語的「一個世界」。如
此一來，共時性就如同一種恩典的介入，使人經驗到完整
（Main, 2007）。

　　榮格認為，共時性與夢的角色類似。舉例來說，蜘蛛
網為蒂娜和我提供了一個可以對無意識說話的意象。榮格
描述過一名深陷於笛卡爾理性主義中的女性病患提起了一
個夢，夢中有人給她一隻金色的聖甲蟲。

　　當她才正在告訴我這個夢時，我聽到我身後有什麼正
輕輕敲打著窗戶的聲音……我打開窗戶……在蟲子正飛進
來時，我伸手在空中捉到牠。那是一隻聖甲蟲，其金綠色

---

[1] 編註：沃夫岡・包利（Wolfgang Pauli），奧地利理論物理學家，量子力學的先驅。

澤幾乎類似於金甲蟲。我把甲蟲交給我的病人說：「這是你的聖甲蟲。」……這個經驗刺穿了她在理性主義外衣下慾望的缺口，也打破了她智性阻抗的堅冰。此後這個治療得以繼續，得到滿意的結果。（Jung, 1955, pp.525-526）

在某些文化中，象徵重生的甲蟲，能夠穿透她的防衛，並引領她進入另一種觀看世界的方式。

共時性的想法並不是什麼新鮮事。世界各地的部族文化都尊重共時性現象，並以此為引導。共時性事件有可能劇烈地轉變我們觀看世界的觀點——從原本西方式的觀點，認為夢來自個人的心靈，轉變到另一種觀點，亦即我們沉浸在一場集體的夢境中，只要我們能夠加以注意，共時性就一直存在。

有時候，在樹林工作時，會出現一種特殊的氣味。有一次我的個案安娜（Anne）告訴我她童年經歷的多重失落。所有失落的核心是她在很小的時候就失去了母親。關於母親的記憶如此之少，讓她感到非常痛苦。突然，我們倆都注意到空氣中瀰漫著濃烈的香味，但之前沒有人出現在附近任何地方。我們都很困惑。過了一會兒，我的個案驚訝這種氣味是否是「一種示現」（a presence）。當她將此事與母親連結起來時，氣味就消失了。另一次，我的個案艾蓮娜（Eleanor）描述在她發生深刻洞察的時刻，一陣

帶有玫瑰花香的風吹拂到她的臉上，而這成為當下療癒失落的一種方式。這就是所謂的「超感嗅覺」（clairsalience/clairscent），這是除了五感之外，以直覺去感知世界的許多方式之一。根據我的經驗，似乎在戶外，在樹林中，好像更能支持這些直覺性的理解，這些現象（尚）不曾發生在室內。

體現、直覺和地點的選擇

身處戶外會促使個人沉入體內，放鬆身心並重新平衡，從而能專注於當下。各種感覺被喚醒：戶外有著各種氣味，林鳥的歌聲，很可能還有一些美麗的景色。

當我們在樹林裡漫步時，我會邀請個案帶頭走在前面。這可以為選擇走哪條路或停在哪個地方，提供更具體的治療實作。是順從雙腳的帶領，是根據直覺或內心的決定，或是像狗一樣跟隨某種氣味？抑或是來自人類外世界的「徵兆」確認了「正確」的位置？對於某些人而言，選擇地點只是直覺地「感覺」對了；對其他人來說，這個決策過程可能會引發相當的焦慮，尤其是在她／他無法找到一種具體方式來自處時。

有時，選擇地點是相當無意識的。有位個案在每次人生道路上需要做出重要抉擇時，就會去坐在五條小徑交會

處的一把長凳上。當我的個案艾蓮娜失去姊姊時，在非常痛苦的情況下，她想回到戶外工作。她向我解釋說，因為身處戶外會讓自己感覺更接近姊姊。她選擇我們見面的地方是一棵倒下的巨大橡樹的樹幹上，樹枝提供了一處半隱蔽的地方，經過一段時間，我們才明白選上這地方的意義。

森林中的生態哀悼（Eco-grief）

城市林地裡隨意丟棄的垃圾，只是消費文化陰影的一種呈現，提醒我們對地球是多麼漫不經心。有一天，我的個案瑞秋（Rachel）把她在一塊林地發現的塑膠物收集起來。當她告訴我這事時，她崩潰地哭了起來：「在這個星球上，已經沒有任何原始荒野沒有被人類的貪婪觸及，它們都缺乏照顧。我嘗試竭盡所能地去照顧，但我使用和購買的所有物品都是破壞系統的一部分，而且情況越來越糟。我再也受不了了。有時我認為，如果把人類抹除會更好。」當我們坐在一起，在橡樹的力量所籠罩下，對瑞秋的絕望、悲傷和憤怒更深入探索時，一隻黑鳥棲附到她裝藝術品的黑色塑膠袋上，並以最清晰的音調唱歌。在這個淒美的一刻，瑞秋看見美麗與破壞是大自然中的任何事物、任何人所固有的本質，包括人類，也包含她自己。這種認知使她走出一種希望所有人都消失的狀態，而進入一種想要

捍衛生命網絡的階段，在那裡，我們有恰當的立身之處。最終，她透過採取創造性的行動發現了自己的生態區位。在那裡，她發現另一種希望，更能生活在當下和生活在關係之中。

雖然治療室維持了很高的一致性，這有時可能正是某些個案所需要的，但戶外卻提供了一個變化多端的場景，生命的各種極性——生死的更迭輪轉、光明與黑暗，絕望和希望——都並存同在。我將在第四章中再回來談生態哀悼。

框架：邊界與可行性

在戶外進行心理治療會引起很多疑問。因此，當個案找我進行生態治療時，我會邀請她或他在室內進行初次會談，以討論在戶外工作帶來的一些好處和挑戰。個案可能會問：如果我們遇到一個你或我認識的人該怎麼辦？如果有人在療程中打擾我們該怎麼辦？以我的經驗，這類情況很少發生，而當這類情況發生時很容易處理。

評估： 第一次會談也讓我有機會評估，該個案此時是否適合在戶外進行心理工作。例如，大聲的情緒宣洩最好在室內進行，因為這會驚擾附近的其他人。或者，還有

一些心理狀態也需要有房間的緊實涵容。在《自然治癒》
（*Nature Cure*）書中，理查·梅比（Richard Mabey）[2] 動人地
講述了當他情緒崩潰後，寧願選擇面對牆壁，而非可以俯
瞰花園的窗戶。那時他感到強烈的憂鬱，他描述人類外世
界本來對他而言，向來是個充滿歡樂和滋養的地方，但此
時反而讓他更沮喪（Mabey, 2007）。

保密性：注意保密性和安全性顯然非常重要，尤其是
在大眾公用的城市森林或公園中進行心理工作時。出於這
個原因，我建議在遠離道路的地方找個安適的據點；有些
個案會選擇較隱蔽的地方。雖然有些治療師提供「邊走邊
談治療」的選項，但我發現這不適用於我所在之處，因為
我附近樹林中的道路通常是單一路線，當我們經過他人時
會有被聽到的風險。

門檻和互惠：第一次戶外時段，我會安排在樹林邊緣
的一個地點與個案碰面。我們會創造一道想像的門檻，並
徵求森林社群的同意（大聲或無聲地）一起進入我們的工
作。這提醒我們森林不是為我們所「利用」的「資源」；
相對地，這麼做表明我們正在進入一個神聖的空間或聖域
（temenos），在那裡我們一直與人類以外的世界保持互惠平
等的關係。我們所遇到的每個存在都具有意義，就像一場

---

[2] 編註：理查·梅比（Richard Mabey），英國知名作家和廣播人。

夢中的所有要素一樣。室內治療也具有一些儀式要素：個案按下門鈴，跨入建築物的門檻，進入治療室的聖域，儘管這通常沒有被明確說明。

在戶外時段結束時，我們會回到門檻處，感謝當天所發生的一切相關事物。我們也可能會一起思考如何回報地球的寬大慷慨：可能是撿拾垃圾，或是其他對自然界的貢獻。

熟悉土地：對於治療師來說，在運用該土地提供療程之前，必須與土地建立某種關係。如果我們知道如何聆聽，每棵樹、每種植物、每隻動物都為療程提供了不同的特質；土地本身可能有著各種不同的歷史。明智的做法是去了解過去是否發生過創傷性事件，例如土地整治或瘟疫掩埋，因為有些個案可能會感覺到這片土地可能發生過什麼。有些國家的原住民曾被白人殖民者驅逐，對於生態治療師而言，明智的做法是去設法了解他們所在土地的主人，並弄清楚他們是否需獲得許可才能進入。

彈性—戶外和室內：有些個案喜歡根據天氣、需求和心情，混合運用室內和室外空間。這可能會引發一些有趣的探問，關於對方在選擇地點上背後的意圖。

生態心理學界一直傾向認為所有的生態治療都在戶外進行。不過我同意其他實務工作者認為在室內也可以進行生態療法（Doherty, 2016, pp.30-31）。我不覺得戶外就永遠

比較好，但這確實將我們與人類外世界的關係帶到此時此刻：可以感覺天空、可以觸摸大地。有時會有在室內空間經歷過創傷的個案（例如性侵或刑虐），很難承受「密閉」的經驗。對其他某些人來說，房間的保護至關重要。生態心理治療的經驗告訴我，房間既阻絕了外界的入侵，也障蔽了來自自然——的滋養和有用的信息，不論就字面或超個人意識上的意義而言皆然。

結語

　　花時間沉浸在超乎人類的世界，可以改變我們的思維方式和感覺，從而改變我們與內在本質和外在自然（inner and outer nature）的關係。在戶外從事治療師的工作可以改變治療關係，也會改變心理治療本身的實踐。

　　在戶外進行治療工作的優點豐富多樣，超出我在本章可以涵蓋的範圍。其中可能包括：超乎人類的世界是一個非批判性的空間，在此內在苛責的聲音可以被軟化一段時間；森林、山脈或海洋的神奇、莊嚴和美麗可以提供我們體驗深刻的神祕與永恆的門戶；寒冷、下雨或森林的陰影可以提供我們進入探索恐懼和焦慮的通道；以自然為起源的意識——存在於我們個人的生命以及這整支物種的生命之中；地方與童年記憶間的關係；冒險與風險間的探索；

超乎人類世界的創造力提供了一個可以放鬆、遊玩和自由
聯想、激發想像力的空間。

2

生態治療臨床實務的多樣範疇

在英國，土地變得如此馴化，在大自然中的時光變成只剩下「美麗」這單調乏味的經驗，缺乏讓我們從更有力的「他者」成長與學習的磨練。以這樣的角度來說，氣候變遷和生態危機，像是自然升級的一種行動，向人類顯示誰才是主宰，給我們的主流文化一個機會，進行一次集體的成年禮。面對我們自身的滅絕，對西方文明而言，可以視為所有過渡儀式之母。

　　在這章中，我將檢視生態治療一些早期的根源，並選介一些自 1960 年代開始發展的生態治療方式。我也將省思在此領域中的一些挑戰，例如將生態治療帶入主流文化的困難，以及現在浮現出來的文化挪用（cultural appropriation）議題。

　　人們總是在遠離人群社會的野生自然中，尋求啟發、療癒、和遠見。澳洲原住民會進行荒野浪遊（walkabout）[1]；美洲原住民則藉著禁食進行靈境追尋（vision quest）[2]；凱爾特人（Celt）在山野行旅朝聖；瑜伽修行者、智者、詩人、和藝術家都知道，沉浸於荒野中，給予我們意識徹底轉化的可能性。

　　安排這樣的旅程，其實蘊含著風險。一位非洲達瓜瓦族（Dagara）[3] 的巫師馬力多馬·薩美（Malidoma Somé）[4] 描述過有些接受成年禮儀式的青年，走入荒野後就沒有再回來（Somé, 1995）。對於我們這個執著於健康與安全的社會而言，這點似乎太令人震驚。然而，正如荒野響導比爾·

---

[1] 譯註：荒野浪遊（walkabout）特指澳洲原住民男性在十至十六歲間，所以採行的一種成年禮，讓這些青春期的男孩，在一段通常長達六個月的期間住在荒野，經歷一段旅程，使其在精神和傳統上過渡到成年。

[2] 譯註：靈境追尋（vision quest）統稱美洲原住民多種由長者引導年輕男性的文化儀式，可能包括禁食、進入自然聖地、向靈魂祈禱祈求出現異象，以期透過此異象幫助他們找到人生目標及在部落中的角色等。

[3] 編註：達瓜瓦族（Dagara），生活於非洲迦納，人口約有七萬人。

[4] 編註：馬力多馬·派翠斯·薩美（Malidoma Patrice Somé），西非作家與工作坊導師，主要活躍於靈性領域。

波拉特肯（Bill Polotkin）[5] 所指出的：「微少的死亡風險，好過當個沒有活過的行屍走肉。除此之外，當我們拿自己的社會和達瓜瓦社會比較，會發現青少年肇因於自殺、物質濫用和幫派械鬥的死亡率更高，因為他們沒能成功地活出自己。」（Polotkin, 2003, p.37）。那些在野地中存活下來的人，會從野生自然中得到許多面向的教導。荒野不只是撫慰人們靈魂的地方；沉浸於荒野，為人們引發敬畏的經驗，而充滿危險的同時也剝除掉自我，提供一種形式上的精神死亡（psychic death），使人們可能與更大的整體、偉大的奧祕（the Great Mystery）產生更深的連結。這樣來看的話，大自然是我們最偉大的心靈巫醫（shrink）[6]。

　　然而，當人們逐漸馴化了大地——而且我們在大部分地域都已成為了最頂層的掠奪者——我們越來越難體驗到和某種比我們更有力量的事物同在的經驗。例如，在英國，土地變得如此馴化，在大自然中的時光變成只剩下「美麗」這單調乏味的經驗，缺乏讓我們從更有力的「他者」成長與學習的磨練。以這樣的角度來說，氣候變遷和生態危機，像是自然升級的一種行動，向人類顯示誰才是

---

[5] 編註：比爾‧波拉特肯（Bill Polotkin），知名美國心理學家和荒野嚮導。

[6] 譯註：Shrink 一字為英語中泛指，且具有貶抑、調侃意味地指稱各種從事心理工作的人，諸如精神科醫師、心理治療師、另類心靈工作者等。此字源於原始部落殺死敵人後，將敵人的頭顱交給巫醫加以縮小做為一種象徵性的儀式。在此做為廣義的心靈療癒者。

主宰，給我們的主流文化一個機會，進行一次集體的成年禮。面對我們自身的滅絕，對西方文明而言，可以視為所有過渡儀式之母（Mother of all Rites of Passage）[7]。

生態治療的早期根源

在 1960 年代後期，有一些現代形式的荒野活動（wilderness practice）開始崛起，例如在加州的失落邊境學院（the School of Lost Border），為年輕人和成人提供了荒野過渡儀式（wilderness rites of passage）（Foster & Little, 1989），還有在科羅拉多的阿尼瑪山谷機構（Animas Valley Institute）（Plotkin, 2003）。從 1969 年開始，羅伯特·葛林威（Robert Greenway）[8] 在好幾年的夏天中提供二至四周的荒野團體體驗；這活動始於他的心理系學生，後來擴展到包括在加州索諾瑪州立大學（Sonoma State University）的整個社區。任何只要不至於威脅生命安全的情況，都經由團體內的共識所決定。參與者得到改變生命的經驗，葛林威稱之為「荒野效應」（wildness effect），那是將我們文化

---

[7] 譯註："rites of passage" 字義上為「穿越儀式」、「過渡儀式」，廣義而言指一生重要階段轉換前後的儀式，當一個人離開舊群體、舊生命階段，即將進入新群體、新生命階段時的儀式，狹義尤常指青少年轉化為成年過程中常須承受某些具考驗性的文化儀式，故亦常簡譯為「成年禮」。

[8] 編註：羅伯特·葛林威（Robert Greenway），美國知名作家與心理學家，生態心理學的創立者之一。

中的毒素排除淨化；一種自體擴展的感覺；與我們遠古過去和深層心靈重新連結；釋放心中的潛抑等一連串感受的組合。然而，葛林威指出，要找出適當的語言來形容這樣的經驗有其困難，因為這些經驗的核心是某種「無可言喻」或「靈性」的體會。他也逐漸理解，對某些人而言，在返家之後，要整合這些荒野經驗是多麼地困難。在某些狀況下，如同生態治療師馬汀‧喬登（Martin Jordan）[9]（2005）晚近所說的，會導致嚴重的憂鬱。所以，審慎的預備和進行體驗後的支持都是必要的環節，以期使「荒野效應」得以被重新整合到日常生活中（Greenway, 1995, p.122）。

　　優斯可（Usiko）是個從事危機青少年工作的南非機構，主要是在荒野進行原住民過渡儀式，並合併現代的治療性介入。優斯可與來自城鎮、幫派區、以及遙遠農村聚落的青少年進行工作，這些年輕人常是因涉入暴力事件而入獄。這個機構重用社區來的長者，也重用在治療性荒野活動中富有經驗的伙伴，讓他們前來擔任生命導師。敘說故事是他們工作歷程的核心項目。（http://usiko.org.za/；Pinnogk & Dougalas Hamilton, 1997）

　　這只是眾多啟蒙中的兩個例子，兩者都融合了古代和現代的實作方式。

---

[9] 編註：馬汀‧喬登（Martin Jordan），英國心理醫師與作家。

離家更近

從 1960 年代開始，許多戶外治療實作興起，諸如園藝治療（horticultural therapy）、環境藝術治療（environmental art therapies）、冒險治療（adventure therapy）、自然治療（nature therapy）、和動物輔助治療（animal-facilitated therapy）等。這些多樣化的實作，都囊括在生態治療（ecotherapy）這個名稱的大傘之下，屬於生態心理學（ecopsychology）的實務運用。生態心理治療（ecopsychotherapy）則是最近的一項發展。

已經有各式各樣的研究顯示，花點時間在戶外——不論是到花園或社區公園、到海邊散步或山中健行——對人類的身體和心理健康都有益（這些研究的總結可見喬登〔Jordan〕的著作《自然與治療》（*Nature and Therapy*）2014，第一章）。舉例而言，住院的病人如果有花園可去，會療復得更快一些；即使只是一扇有綠景的窗，也會加快復原的腳步（Cooper Marcus & Barnes, 1998）。我們之中許多人都知道，身處自然的美景，對靈魂而言就是一種療癒。有些人也知道，在長時間健行中，會領悟出如何讓事物各歸其所；行程開始時糾結兩難的事情困擾於心，到達目的地時似乎毫不費力地自行解決了。2007 年時，心理健康慈善機構 MIND（英國）曾發表一篇報告，報告顯示，

花時間在戶外可以幫助改善焦慮、輕至中度憂鬱以及其他某些困頓狀態，這源自於多重因素，包括降低壓力程度、放鬆身心、情緒調節，也包括花時間接受自然光線的照射（MIND, 2007）。

神經學家奧立佛・薩克斯（Oliver Sacks）[10] 寫道：

在很多案例中，花園和自然甚至比任何藥物都有用……我的朋友勞威（Lowell）罹患中度嚴重程度的妥瑞氏症（Tourette's syndrome）。在他平常忙碌的都市環境下，他每天會有數百次抽搐和叫聲──不自主的哼叫、跳動、強迫性地碰觸物品。所以，有一天我們在沙漠中健行，而他的抽搐完全消失時，我覺得非常神奇。偏僻而開闊的風景，夾雜著某種大自然中無法言喻的平靜效果，緩和了他的抽搐，至少一度「正常化」他的神經狀態。（引用自Rubin，2019）

所以，在歷史上的此刻，當身在工業成長文化中的人類，可能也正處於心理解離的巔峰，於是，治療師們會嘗試用各種模式，帶著各種不同的理念或實作方式走出戶外進行心理治療，也就不令人驚訝了。以下有一些例子，其

---

[10] 編註：奧立佛・薩克斯（Oliver Sacks），英國倫敦著名醫生、生物學家、腦神經學家、作家及業餘化學家及暢銷書作家，著有《錯把太太當帽子的人》等。

中提到許多我所熟悉的計畫是在英國本地執行的。

和植物的關係

在原住民族長久以來的傳統中，會向植物請益和禮拜，正如像求教於老師一般。他們對植物藥物的使用，不是源於嘗試錯誤或分析研究，而是來自與植物溝通所得（Buhner, 2004, p.2）。有個發展中的植物意識社團（plant consciousness community），他們正在探索運用植物的意識智能來進行療癒；他們汲取能夠與植物間建立關係並進行溝通的古老智慧，包括薩滿的知識（https://plantconsciousness.com/; Buhner, 2004）。

使用園藝來安撫感官這件事，可以追溯到公元前 2000 年的古美索不達米亞時期（Detweiler er al., 2012）。在英國，更有著長遠的歷史，於監獄和精神醫院等機構使用園藝治療。只是單純地逛花園、倒土、照顧生長的植物，本身就很療癒。

心理治療師珍妮・古魯特（Jenny Grut）[11] 在 1992 年著手一項自然成長計畫（Nature Growth Project），她開創了在土地上進行心理治療的新傳統。古魯特重視把時間用在土地

---

[11] 編註：珍妮・古魯特（Jenny Grut），英國心理治療師與作家，著有《療癒田野》（*Healing Field*）一書。

上的療癒性經驗，也重視對內在世界的覺察，創造出一種
生態心理治療的新型態。這項計畫是刑虐被害人醫療基金
會（Medical Foundation for Victims of Torture）工作的一部
分，運用的是北倫敦的市民農地（allotment，社區花園）[12]。

　　古魯特是一位來自智利的心理治療師，對尋求政治
庇護者以及難民進行治療。她體悟到這些個案在狹小侷促
的房間裡，很難說出他們的困擾，有些人在這樣的房間還
會聯想起過往的創傷。許多個案懷著關於家鄉的花園、田
野、或農場的回憶，其中充滿強烈情感和喜悅。古魯特因
而覺得，這類個案團體需要從和土地建立關係開始，因為
他們和其他人類的關係已經被破壞殆盡。她在治療的對話
中使用園藝的強烈隱喻，但也強調她這樣做的過程仍很
謹慎。「顯而易見地，要避免『剪除枯枝』（deadheading）
這樣的措詞，而除雜草可以是一種整理思緒和關係的方
式──『心中的雜草』（weeds of the mind）……澆水如果
澆太過頭，可以意指過度照顧、淹沒窒息、害怕恐懼、或
是一種情緒的溢漏……來自個案的潛意識訊息或許能被解
讀成：『植物可以像我一樣，只靠這麼一點東西就存活下
來嗎？』」（Linden & Grut, 2002, pp.42-43）。古魯特也對我
提到，她怎樣在一天結束時，走過每一塊風貌不同的小區

---

[12] 譯註：英國自十九世紀起有市民農地（allotment）制度，始於讓經濟不佳的住民可以透過
種植養家活口，慢慢轉型發展出新的用途，例如當代的休閒與療癒之用。

域，看到每個人內在世界的某些思緒，就反映在自己那一小塊土地的狀態上。自然成長計畫提供另一種非常重要的面向：人們可以像個多元文化社群似地聚在一起，共同享用他們各自家鄉的蔬菜，這提供了遠比個別治療更多的內涵。很多其他類似的計畫從此植根於英國的各個角落。

和樹的關係

根據佛典，佛陀是在菩提樹下，經過四十九天的禪定而開悟，而菩提樹以心型的樹葉聞名。森林長久以來就是許多生靈的聖所，包括人類在內。"Dod yn ōl at fy nghoed"是威爾斯話，意思是「回到內心平衡的狀態」，但字面上的意義指的是「回到我的樹」。大多數身在西方文明中的我們，已經失去了聆聽樹、與樹溝通的能力。然而這種古老的能力，仍存留在少數人身上，而且，似乎越來越多人可以透過練習，重新復甦這樣的能力，就像鍛鍊一塊萎縮的肌肉一般。

伊安・史東斯・翰更沃斯（Ian Siddons Heginworth）已經發展出一種與樹和凱爾特年（Celtic cycle of the year）[13] 建立關係的環境藝術治療（environmental arts therapy）的實作

---

[13] 譯註：一種凱爾特人早期紀錄時節的年曆，並與樹木對應，又稱凱爾特樹曆，例如白樺木月為 12/24 至 1/20，榛木月為 8/5 至 9/1，接骨木月為 11/25 至 12/22，而以 12/23 為一年之首。

方式。每種樹都對內在治療工作提供不同的特性和隱喻，因而得以在每年中的不同時節讓人「感到刻骨銘心」。他寫道：

白樺樹（silver birch）通常是成林的第一棵樹，也是春天首先長葉子的樹，所以白樺樹常和新的開始有關……榛樹（Hazel tree）與智慧、直覺、和創造力有關；榛木枝通常用來探測地下的水和礦物，所以榛樹有助我們使得土地中也與我們內在深處的伏流和諧共鳴……接骨木樹（Elders）[14] 長著隆突、枝幹扭曲、表皮乾癟的樹，常令人聯想到巫師……接骨木將病傴老嫗的女性特質予以人格化（personify）為老人……每個月份提供了我們不同形貌的生命樹（Tree of life），也就是被季節形塑為各種隱喻的十二種不同智慧樣貌，這樣一來，而且也只有這樣才能……在每種樹的當季時節，去感受我們進入每種樹的道路，這些課程的深奧將會深刻動人，因為這是一門屬於心的功課，因此我們的心智（mind）只能在流年轉換的脈絡下感受它，才能真正了悟。（Siddons Heginworth, 2008, pp.23, 130, 173, 178）

---

[14] 譯註：Elder 為英國的一種樹木，學名 *Sambucus nigra*，屬五福花科（Adoxaceae）接骨木屬。

和動物的關係

　　動物輔助治療（animal-assisted therapy）也早有淵源：佛洛伊德注意到他的狗喬飛（Jo-Fi）會振作個案的情緒，同樣也有助他們在會談時段中放鬆，特別是孩童和青少年（Coren & Walker, 1997, p.78）。〈馬背上的男孩〉（*The Horse Boy*）講述一則感人的故事，主角洛文（Rowan）是個四歲的男孩，被診斷患有自閉症（autism），不說話，苦於頻繁的暴怒發作，與人疏遠並帶有敵意。他的父親魯伯特・艾薩克森（Rupert Isaacson）敘述洛文和當地一匹馬貝琪（Betsy）間的一次奇遇，貝琪完全站著不動，低著頭，睜大眼睛抖動著。當洛文被抱上去坐在她的背上時，洛文立刻安靜下來，並且開始說話。這麼多年下來，藉由馬術輔助治療（equine assisted therapy），洛文已經發生轉變，儘管艾薩克森謹慎地說他是「被療癒（healed）而非被治癒（cured）」。他也說明他能獲得療癒，有一部分來自騎馬的動作，以及這樣的動作對腦部產生的作用（Isaacson, 2009）。艾薩克森家族成立了馬背上的男孩基金會（Horse Boy Foundation），讓馬術治療和動作學習（kinetic learning）

可以幫助到其他孩童[15]。

　　凱文・霍爾（Kelvin Hall）是一位採行馬術輔助治療的心理治療師；他提到要重新找回我們以往被埋沒的與動物溝通的能力，就像「憶起忘卻的語言」，而且當「（與人類外世界）連結的渴望獲得滿足，對消費的饑渴就會減緩」（Hall, 2012a p.79）[16]。下面這段是他描述在治療中把馬帶進與個案的關係中的結果：

　　在此領域的探索者發現，馬所提供的訊息和反應的範圍甚為廣泛。馬對人類的情緒、態度——或是情緒與態度的轉變——所能立即反映和反應的程度，實在令人讚歎，極為敏銳。牠們常常展示出人們未承認的憤怒、害怕、哀傷或怨恨。當人們重新承認這些感覺，容許這些感覺，超越這些感覺後，馬兒會變得平靜而合作。當有些曾經被侵犯過界線的人，開始學習確立自己的界線，馬兒會表現出尊重和接納。馬兒會以機靈、優雅和力量來回應明確的意圖、尊重和熱誠忱。（Hall, 2012b）

---

[15] 編註：〈馬背上的男孩〉（The Horse Boy）是一篇自傳體小說，同時也是一部紀錄片，內容講述了一對美國德州的夫婦魯伯特·艾薩克森（Rupert Isaacson）和克莉斯汀·內夫（Kristen Neff）在發現自閉症兒子洛文（Rowan）的病情似乎可以透過接觸馬匹而獲得改善後，離家前往蒙古尋求治療的歷程。

[16] 譯註：另可參見《失靈的大地》（心靈工坊，2015）第六章：凱文・霍爾（Kelvin Hall）〈憶起忘卻的語言〉（第134～145頁）。

動物也會以比較象徵性的方式走入治療關係中。榮格分析師茱莉亞‧瑞德（Julia Ryde）反思我們與狗以及與內在風景的關係，她在文章中描述她的個案如何在跟她的狗不經意相遇時尋找到意義：

當我的狗走進我的生命，我發現牠開始悄悄地以不同的方式，直接或間接地，走入我所正在聆聽的會談題材。有一位病人說她看到我在公園中嘗試要控制我那隻「野」狗——從她的語氣聽起來，我顯然沒控制好。我的「野」狗當時還是隻幼犬，我們正在逐漸熟悉彼此。有一天她還遇到我的狗想要從連通門跑進來我們這裡，這道門將我的治療室和房子的其他區域隔開。我們後來發覺她認同了狗的感覺……這個感覺和一件事有關：她感覺困在我的房子／母親的身體裡；她自己野性／本能的部分，不被允許出現在我的諮商室中；而在她之後出生的弟弟，被留在諮商室外面，正如她覺得在弟弟出生之後，她也被留在外面。（Ryde, 2010, p.481）

與基本元素的關係

對許多和陪伴動物一起生活、或親自照料花園的人們

而言，與動物和植物的關係是熟悉的。不算少見地，我們也會聽到有些人說到他們和石、風、火、和水等基本元素間建立關係。當我在蘇格蘭西岸，在共同帶領為期一周的生態治療住宿療程期間，注意到男人們經常說他們受到石頭的吸引，而女人常訴說她們和水產生關連。

榮格和石頭之間有一種深層的連結，石頭喚起他心中歷史悠遠的自我；他寫道：

在那些日子裡（掙扎與苦思對上帝的疑問……等），坐在我的石頭上，內心莫名地心安理得、平靜。這能不知不覺釋放我所有的疑慮。每當我想到我就是這顆石頭，內心的衝突便得以止息。「石頭沒有不確定，一點也不急著溝通，數千年來恆久如常，」我想著，「而我只是一個過渡的現象，暫時爆發出各式各樣的情緒，像燃燒迅速的火焰，然後熄滅。」我只不過是我情緒的總和，而在我內在的「他者」（Other）則是那顆無始無終、永恆不朽的石頭。（Jung, 1961, p.59）

後來，他敘述他太太的死，如何「把我強拉出自我之外。我付出很大的代價才重新找回自己的步伐，而和石頭的接觸幫助了我。」（1961, pp.174-175）。

水具有一種非常不同的流動特質，通常被聯想為與情

緒和直覺的智能相關，也與月亮、潛意識相關。水也被視為靈魂的鏡子。傳統上，眾人皆知其淨化的性質，但同樣水也會帶來泛濫與淹溺，與對浩瀚無邊、對釋然放手和對歸順臣服的恐懼相關。

火具有一種轉化的力量。在希臘神話中，火鳳凰（phoenix）是一種和太陽有關的鳥，會從其前身的灰燼中浴火重生，象徵著死後的復活。當我在寫這本書的時候，世界上很多森林正發生火災，其中有些還是古老的雨林。而此同時，世界上另外有些地方卻正洪水成災。火和水是生命中兩種基本元素。有許多方法可以讓我們理解這些元素如何反映在人類的心靈中。我發現我自己面對世界上正在發生的事，我的反應有如被洪水般的悲慟所淹沒，也對許多不公義的事燃起憤怒之火。藉由發展與火與水的關係，可能可以轉化這些相關的情緒。

野性治療

野性治療（wild therapy）[17] 是由尼可・托頓所開發的療法，探索貫穿在人類歷史和文化中有關野性（wildness）和

---

[17] 譯註：「野性治療」（wild therapy）與「荒野治療」（wilderness therapy）所指不同，除在中文翻譯上試圖予以區別外，野性治療的意涵如文中所述，以思考本真野性在療癒關係中的意義為主；而荒野治療則指運用荒野環境進行心理治療相關的工作。兩者固亦有值得融通互用之處，但核心指涉並不相同。

馴化（domestication）這組兩極化的主題；這套理念鼓勵順其自然的以及未知的種種，信任自然而然發生的事物；這套想法也認為具體實現乃是我們存在的核心層面。野性治療明白強調互惠，主張互惠可以豐富治療的工作，也豐富我們與地球之間的關係。與大多數其他生態治療不同，野治療提供一種不仰賴戶外工作的實務和理論，「野性治療**看起來**和已經被採行的許多治療方式也許沒太不同……它不會需要——雖然也可以包括——特殊的技術和直接接觸戶外……它是一種心理的態度，而非一套錦囊妙計」（Totton, 2011, p.183）。托頓更進一步指出，主流的心理治療和心理諮商已經變得太認同馴化，太認同於邊界、客觀性和控制等與馴化相關的概念；野性治療試圖重新平衡治療實務本身（Totton, 2011）。

生態治療：議題、挑戰與爭議

　　生態治療領域中有一些有趣的議題，也有一些具挑戰性的議題。其中包含了一項危險的態度是，某些人只透過單方面向自然攫取的一貫手法，把生態治療納入主流文化中，就期待其成為解決西方文明弊端的萬靈丹。從所使用的語彙和方法中可以反映出這點，例如提供「技術」（有時是未經允許便從原住民傳統中借來使用）方便白人得以「出

門走進自然中」（最糟的是，搭飛機或開車長程旅行到達當地，卻對當地土地和歷史毫無體驗），試圖「重新連結」以及「獲得療癒」，憑藉的是只要我們能「愛上大自然」就不會再傷害「環境」的這種想法。我在這裡用了一種語帶諷刺的說法，為的是想表達在生態治療實作中一種對於自然的其他部分缺乏關係感或**互惠性**，也對文化挪用少有覺察的一種態度。雖然這樣的做法無疑仍帶著最大的善意，但這種方式的生態治療還是具有危險，會延續西方世界觀帶來的傷害。自然作家理查・梅比（Richard Mabey）[18]告誡我們，他反對那種叫我們大家只要找個陽光普照的日子走到戶外，看看美麗的藍鈴花森林（Bluebell wood），所有的一切就都沒問題了的簡化版生態治療。他繼而說道：「這不僅侮辱了人類的複雜性，也深深地侮辱了自然的複雜性」（Mabey, 2012）。

　　我們都知道活在關係中有多麼困難。人類的關係中充滿衝突：混雜交織著差異、愛、恨、喜樂、哀傷、失望、批判、權力鬥爭，以及更多種種。我們最脆弱的自我則暴露於親密關係中。在我們和人類以外世界的關係裡，正上演著或同或異的心理動力，尤其是我們（身為工業成長文化的一部分）才正開始要解除將自然視為「他者」的心理

---

[18] 編註：理查・梅比（Richard Mabey），英國知名作家與廣播人。

投射時（Rust, 2009, 2011）。闡述這些複雜的動力是生態心理治療工作的一部分。

　　第一代的生態心理學家（Roszak, Kanner & Gomes, 1995）十分清楚，我們試圖與人類以外的世界「重新連結」，其實深受西方世界觀的影響，它形塑了我們看待「自然」的方式，將其視為一套待用物品，而非將大自然（Nature）視為一種神聖的基質，一套活生生會呼吸的生命網絡，而我們只是其中渺小的一部分。在他們的觀點中，生態心理學及其實作方式，因為挑戰了我們主流文化的價值系統、選擇方式和生活型態，所以無可避免地會成為政治角力場。因此生態心理學就永遠不可能在不失去其精髓的狀況下，被納入主流文化中。安迪・費雪（Andy Fisher）[19]寫道：

　　「從一種治療—回憶（therapeutic-recollective）的觀點而言，〔生態心理學〕乃是在談透過重新呼喚心靈深植於土地關係的根源來彌合心靈和自然的裂隙。而從一種批判的觀點而言，則是在闡述施加在人類與人類以外自然世界的暴力的社會根源，辨察出我們所面臨的生態心理危機背後的歷史、文化、政治與經濟根源。」（2013, p.167）。

---

[19]　編註：安迪・費雪（Andy Fisher），加拿大生態心理學家與教育家。

　　然而，正如費雪所言，確實有第二代的生態心理學家嘗試將生態心理學結合進主流心理學中，而在這樣的過程裡也導致生態心理學失去它某部分的本質（同上出處）。

文化挪用 [20]

　　既然生態心理治療是一種喚起我們與土地關係記憶的實作方式，所以不意外地許多實務工作者會從原住民文化中尋找啟發，畢竟他們幾千年來已經精熟於與大地相關的各種操作與宇宙觀。珍妮特‧阿姆斯壯（Jeannette Armstrong）[21]（在本書第 72 頁中引用）從歐肯納根族（Okanagan）[22] 的角度書寫，帶給讀者一個驚奇迥異的角度來看待自我和大地的關係。

　　然而這其中顯然有些高度敏感的議題。我們都知道全世界原住民長久以來在白人手下遭受到種族滅絕和文化滅絕的暴行。因此我們不難理解，當西方人被他們自己文化中的病態所摧殘時，卻又要理想化長年受到他們白人祖

---

[20] 譯註：一般來說是指較強勢的個體或文化群體對於相對弱勢的個體或文化群體時，在不理解、誤解、惡意或有害地詮釋弱勢文化；或取笑、歧視、不尊重弱勢文化；或直接採用、侵佔、剝削、抄襲或複製（宣稱擁有）弱勢文化的現象。

[21] 編註：珍妮特‧阿姆斯壯（Jeannette Armstrong），加拿大作家，教育家，藝術家和活動家。

[22] 編註：歐肯納根（Okanagan），加拿大英屬哥倫比亞省的一個地區。

先所迫害的原住民文化，從中尋求靈性上的引領，這讓各
原住民族覺得忍無可忍。作家佩姬・艾兒絲（Pegi Eyers,
2016）[23] 提出，我們必須停止使用諸如「靈境追尋」（vision
quest）[24] 或「走藥」（medicine walk）[25] 等術語，不該再進行
這些活動，這些是源於在地原民文化，取而代之的，我
們要尋求來自自己祖先的指引：白人可以回溯自己歐裔
祖先豐富而多元的歐洲原住民知識（European Indigenous
Knowledge, EIK），例如凱爾特文化的萬物有靈論（Celtic
animism）、北歐的宇宙觀（Norse cosmology）、或是盎格魯
撒克遜宇宙觀中**天命**（*wyrd*）的智慧 [26]（Bates, 1983）。

　　我自己的經驗是，我們可以從那些提供給大家自由運
用的各種資源中尋找靈感。以下列出部分選項：原住民族
的作品（例如 Armstrong, 1995; Somé, 1995; Deloria, 2009;
Prechtel, 2009; Wall Kimmerer, 2013）；向那些已經與原住民
生活很長時間、在為原住民和西方知識論搭起橋樑的西方
人學習（例如 Norberg-Hodge, 1992; Abram, 1997; Bernstein,

---

[23] 編註：佩姬・艾兒絲（Pegi Eyers），加拿大作家，著有《古靈甦醒》（*Ancient Spirit Rising*）等書。

[24] 參見本章註 2 關於「靈境追尋」之說明。

[25] 譯註：有些文化運用單獨行走來幫助個人實現其內在目標的傳統，「走藥」（medicine walk）為某些美洲原住民部落採取的方式，大抵為一種無既定計畫、無預設目標而進入遠離人群的自然之處遊走，讓內心與自然產生更深的連結，以深化靈性、思索問題，或幫助做出選擇的行動。

[26] 譯註：Wyrd 是盎格魯撒克遜文化中一個古英文字，指無法超越的個人命定。

2005; Colin Campbell，私人信件；Annie Spencer，私人信件）；向那些深入研究我們自己祖先生活方式的西方人學習（例如 Bates, 1983; Baring & Cashford, 1991; Siddons Heginworth, 2008; Breytenbach, 2012; Blackie, 2016）[27]。

　　這些作家、同事和朋友們，給予我無價的啟迪，讓我洞見與大地連結的世界觀，和由此衍生出來的生活方式。我們的語言、生活方式與思考模式深深浸泡在某些價值觀中，我就是在這樣的文化箱中長大的，如果沒有這些替代的觀點，會難以看到箱外的世界。像「人屬於土地，但土地不歸屬於人。」（《聯合國原住民族權利宣言》，*UN Declaration on the Rights of Indigenous Peoples*），或「地景是我們的第二層皮膚」（Power, 2012），又或如「描述身體的詞語就是意味著夢見大地的能力（land-dreaming capacity）」（Armstrong, 1995，引用的全文見本書第 86 頁）。這些觀點能夠震攝我們並幫助我們重新思考對事物的刻板觀念。這也支持我更深刻地聆聽土地和人類外世界，轉而回到我自身的直覺和身體的覺知，創造出在土地重新紮根的療法，並省思生態心理治療的實作方式。

---

[27] 譯註：同理，對我們而言，如何尋找東方文化、華人文化與南島文化的生態心理智慧有待思考。

結語

生態治療有許多不同的型態，運作在不同的層次上。有些生態治療法單單著重於花時間在戶外所帶來的身心兩方面的好處。光譜的另一端則有其他形式的生態治療，例如生態心理治療，注重於內在世和外在世界間的關係上，也注意治療師和個案之間的移情作用，以及／或團體動力上。值得提醒的是，置身戶外不是生態心理治療的基本要素，因為生態心理治療更著重於改變對自己和大自然間關係的理解，而非改變進行的場所。然而，正如同我嘗試在此呈現的，在戶外進行治療的經驗會對於改變此種理解十分有助益。我會在第五和第六章回到這些概念，這兩章會從治療室的傳統設置觀點來討論生態心理治療。

不同型態的生態治療適合不同的個案族群。我十分注意在治療領域所發展出來的權力階差，所以我希望強調，世上其實沒有所謂「對的」實作方式。然而，注意文化挪用的問題，以及維持專業性的個案與治療師間的界線，都非常重要。很顯然地，一種新型態的治療工作方式正浮現於我們所生存的時代中；這種療法的核心是互惠的觀念，而其中療癒個體和療癒大地是不可分割的。

地球就是諮商室：超越人類中心主義，邁向生態心理治療

3

生態心理學：背景、架構、故事

透過科學的瞭解，我們的世界已經失去人性。人們覺得自己在宇宙中被孤立……難怪西方世界感到不自在，因為西方世界不知道……它破壞掉神聖性（numinosities）造成了什麼損失。西方世界的道德和靈性傳統已經崩壞，留給全世界的是失向（disorientation）與解離（dissociation）。

　　這一章會聚焦於生態心理學的歷史和來龍去脈。我會指出某些在這個領域中所探討的核心概念，呈現出這些想法是如何為我所報告的個案題材提供了一個概念架構。讀者也會看到，在某些心理治療最早期的文獻和實作中，以及在一些比較關係取向的生態學家思想中，這塊領域的種子早已開始萌芽。

　　生態心理學萌興於最近這幾十年，是因應工業成長文化及其對大地破壞的後果而誕生；生態心理學開始於美國，但在英國和歐洲、南非、澳洲、紐西蘭，以及最近在臺灣[1]和香港也都開始生根發芽。雖然早在 1960 年代，葛林威（Greenway, 1995）就在用心理—生態學（psych-ecology）這樣的名稱，而生態心理學（ecopsychology）一詞最早卻是由羅斯札克（Roszak, 1992）[2]所定名。生態心理學最常被定義為一種針對人類和自然界的其他存在間關係的探詢。

　　生態心理學是一個分歧多樣的領域，更像是複雜的網絡，而非線性的道路；因此，任何的概論都是選擇性而不完整的，其中有許多不同的路徑和許多密切的關連：深層

---

[1] 譯註：作者曾於 2013 年 12 月應荒野保護協會、臺灣榮格發展小組（現臺灣榮格心理學會）之邀前來臺灣講學，因而與臺灣發展中的生態心理學圈有所接觸。
[2] 編註：西奧多‧羅斯札克（Theodore Roszak），知名美國學者、小說家、歷史學者，生態心理學最早的推手。

生態學（deep ecology）（Naess, 1973）、人類地理學（human geography）、超個人生態學（transpersonal ecology）（Fox, 1990; Maiteny, 2012）、自然靈性（nature spirituality），還有許多其他分支。這些領域互相交疊，都在走向重新整合**生態**（ecos）和**心靈**（psyche）的道路上，這是源於西方分析式思維模式所造成的眾多分裂之一。於是我們可以這樣形容，在自然的家中（**生態**，ecos）進行靈魂（**心靈**，psyche）的研究（**理學**，logos）。

　　生態心理學源於許多知識體系：原住民的傳統和宇宙觀（例如 Armstrong, 1995; Somé, 1995; Wall Kimmerer, 2013）、佛教宇宙觀（例如 Macy, 1990; Brazier, 2018）、荒野經驗的古老傳統（例如 Foster & Little, 1989; Greenway, 1995; Key，2003, pp.18-33）、生態女性主義（ecofeminism）（例如 Griffin, 1979; Merchant, 1983; LaChappelle, 1992; Plumwood, 1992）、生態哲學（eco-philosophy）（例如 Abram, 1997）、深層生態學（deep ecology）（例如 Sessions, 1995）、西方心理學（例如 DuNann Winter, 1996）。早期帶有深度觀點的領導性生態思想家，包括：阿爾多・李奧波德（Aldo Leopold）[3]（1949），他拒絕實用主義式的、以人為中心的土地觀，呼籲用一種新的「土地倫理」（land ethic）

---

[3] 編註：阿爾多・李奧波德（Aldo Leopold），美國生態學家、林務官和環境保護主義者。他對於現代環境倫理的發展與荒野保育運動都有相當影響力。

來處理人類與土地、動物、和植物間的關係；瑞秋・卡森（Rachel Carson）[4]影響深遠的著作《寂靜的春天》（*Silent Spring*）（1962）讓大家注意到殺蟲劑的濫用，以及人類對自然的宰制，呈顯出人類的福祉如何依恃於大地的福祉上；葛雷格里・貝特森（Gregory Bateson）[5]（1972）寫過關於「心靈的生態學」（ecology of mind）的主題，帶動對系統的思考。

　　生態心理學的一項核心闡述是，一旦我們知道我們是生命網絡的一部分——生理上、心理上、以及靈性上——而在漫長的歷史過程中，我們逐漸和自然的其他部分失去連結。羅斯札克寫道：

　　曾經有一度，所有的心理學都是「生態心理學」。想要療癒靈魂的人們理所當然地認為，人類的天性是緊密深植在我們和動物、花果、礦物、以及宇宙中所有看不見的力量共享這個世界之中……正是現代西方社會的精神醫學分裂了「內在生命」和「外在世界」——彷彿我們的內在不存在這宇宙之中，不是真實存在的、因果相關的、並與我們

---

[4] 編註：瑞秋・卡森（Rachel Carson），美國知名海洋生物學家，其著作喚起了全球的環境保護浪潮。
[5] 編註：葛雷格里・貝特森（Gregory Bateson），英國人類學家、社會科學家、語言學家、視覺人類學家、符號學家、控制論學者，其著作跨越許多不同學科。

所研究的自然界息息相關的事物。（1992, p.14）

　　榮格是第一位延伸寫到我們和大地關係的重要性、以及我們現代生活方式所造成後果的心理治療師；他寫道：

　　透過科學的瞭解，我們的世界已經失去人性。人們覺得自己在宇宙中被孤立……難怪西方世界感到不自在，因為西方世界不知道……它破壞掉神聖性（numinosities）造成了什麼損失。西方世界的道德和靈性傳統已經崩壞，留給全世界的是失向（disorientation）與解離（dissociation）。（1977, pp.254-255）

　　可以說，我們的解離根源於我們現今生態和社會的危機：我們相信自己可以恣意消費與汙染，彷彿不會造成任何後果，這和成癮者不顧傷身地持續「用藥」並無不同。現在，越來越多人覺察到消費主義的空虛，和感知到我們已經為經濟發展而出賣了靈魂。此外，當代生態和社會危機所產生的諸多毀滅性影響之一，乃是心理健康的議題，諸如憂鬱、焦慮、成癮、關係失和、自戀以及更多更多，影響所及不只是成人，也包括孩童。

　　心理治療專業已經做了很多，以期探索、表達、和療癒人們的關係，但是仍然沒有認知到人們脫離土地，以及

與大地失去連結後的影響，或把這樣的觀點納入思考。有些人成長於截然不同的文化，仍然深植於土地之中，有時候我們只能透過這些人的眼光，才能認知到這種與大地間的隔離對於我們心靈造成的深層衝擊。歐肯納根部落的作家暨社會運動者珍妮特・阿姆斯壯的親戚們描述過白人初抵烏龜島（Turtle Island）（指北美洲，某些美洲原住民族的神話如此形容美洲）時的觀點：

> 「我祖母說（翻譯自歐肯納根語）：『在下面那邊的人都是危險的，他們都瘋了。』我父親同意地評論道：『因為他們都很野蠻而且到處散居。』」阿姆斯壯繼續說：「如果我硬是把祖母歐肯納根語用字的意思詮釋／轉述過來，大致會像是：『在我們下面那邊的人不屬於我們（位置上），可能正在形成一個混亂的威脅；他們每個人都沉浸在自己的腦海裡（的爭論著的想法中）。』我父親的話則大致像是這樣的意思：『他們的行為是有緣由的，因為他們有流離失所的恐慌（displacement panic），因為他們已經從視同自我的家庭中（以世代傳承的觀點來看）和土地（以土地／我們／存活者來看）上被剝離。』」（Armstrong, 1995, p.317, p.319）。

白人移民開拓者是一支特殊的族群；然而，也許上述

這項強而有力的形容也適合套用在現代文化中的許多人身上，這說的就是榮格所提出的診斷：**解離與失向**。如同心理治療在為與自我以及與他人的解離提供療癒一般，生態心理治療的實作則是嘗試修復我們與自然其他存在所失去的連結，期能療癒身—心—體、重拾靈魂，並且復原大地（Roszak, Kanner, & Gomes, 1995）。重點是，我們和自然的其他存在有著一份**關係**。用生態神學家（eco-theologian）湯瑪士·貝瑞（Thomas Berry）[6] 的話來說：「宇宙是主體的交融，而非僅是客體的集合」（Berry, 2006, p.149）。

生態心理學和文化敘事

我們和自然解離的根源有一段漫長複雜的歷史。佛洛伊德在他的重要作品《文明及其不滿》（*Civilization and Its Discontents*）中寫道：

文明的主要任務……是幫我們防禦自然……其中有些要素似乎在嘲弄著人類所有的控制；大地震動崩裂，埋葬了所有人的性命及功業；大水氾濫，在波濤洶湧中淹沒

---

[6] 編註：湯瑪士·貝瑞（Thomas Berry），著名美國文化歷史學家與世界宗教學家。

一切萬物……大自然用這些力量翻倒我們，屹立而起，宏偉、殘酷，且無法阻攔；她再一次把我們的脆弱和無助植入我們心中，那正是我們想透過文明的大業來擺脫的。（1930, pp.15-16）

　　佛洛伊德在這裡描述出西方文化所占據的位置；這是一場**對抗**自然的戰鬥，如果我們覺得這場「戰役」顯然快要輸了，可能因而感到羞辱。這種想法深藏在我們的文化敘事核心，有些人稱之為進步的神話（The Myth of Progress），接受西方教育的我們都很熟悉。文化歷史學家理查・塔納斯（Richard Tarnas）[7]形容這個故事是「（一段）漫長的英雄之旅，從黑暗無知、受苦、受限的原始世界，進入一個越來越多知識、自由和幸福的更光明的現代世界……人類理性持續發展，因而有機會……出現現代化的心智」（Tarnas, 2007, p.12）。換言之，所有的一切都是在向前進、向上升。

---

[7] 編註：理查・塔納斯（Richard Tarnas），美國著名文化歷史學家、占星家與作家，曾著有《西方思想的激情：理解塑造我們的世界觀》（ *The Passion of the Western Mind: Understanding the Ideas That Have Shaped Our World View* ）一書。

人類中心主義

歷史引領我們把自己放在一個與其他生靈分隔，並凌駕其他生靈之上的位置。另外有些作者使用像「關於分離的故事」（The Story of Separation）（Eisenstein, 2018），或我們正蒙受著「分離病」（separation sickness）（Breytenbach, 2012）之苦等等名詞稱之。自然——包括外在的大自然和我們人類的自然天性——被視為野蠻、殘暴、需要被控制的。人類外世界被視為是資源或物體的集合而有待人類所用這樣的想法當中，存在著一種權力位階。對非人類世界的壓迫，被稱為人類中心主義（anthropocentrism）或人類至上論（human supremacy）。深層生態學家約翰・席德（John Seed）寫道：「人類中心主義……意味著人類沙文主義（human chauvinism）。就像性別歧視一般，只不過是把『男人』換成『人類』，把『女人』換成『所有其他物種』」（1988, p.35）。人類中心主義連結著所有其他形式的壓制，例如種族主義、性別主義、和階級主義（Seed, ibid, : Prentice, 2003, pp.35-36）」。看起來與大地較親近的一些民族，是「比較低等」、比較像動物本性的。對某些人而言，這樣的觀點可以正當化其宰制與虐行；對原住民族的種族

滅絕、跨大西洋奴隸貿易（trans-Atlantic slave trade）[8] 和對女性的壓制，是三個典型的例子。正是所有壓制的總和，讓資本主義可以運作。

我們現在更熟悉人類的壓制是如何成為我們內在世界一部分的心理機轉了。例如：女性通常缺乏自信，這是因為內化了女性不如男性有價值的文化觀點；有色人種覺得比白人低下，則是內化了種族主義。我們也更清楚地瞭解我們是如何內化了人類中心主義：身體的智慧為何被貶抑，直覺為何被視為非理性、不合邏輯而被摒棄，為何感官知覺被認為會將我們引入歧途；合而言之，我們為何會視肉身性、生物性自我不及智能理性心智來得有價值。我將在第五章回頭再談人類中心主義，以及人類中心主義在治療實務中的顯現。

兩個故事的對撞

我們這些成長於西方思維模式的人，會因為深埋於心靈中兩個水火不容的故事而糾結掙扎。其中一個故事描述，我們要透過主宰和控制自然（包括我們自身的自然天性），以達到掌控和成功。這個故事很大程度而言是關於

---

[8] 譯註：跨大西洋奴隸貿易指 16 世紀到 19 世紀間歐洲捕捉了一千萬至一千二百萬名非洲人運至美洲為奴。

對抗自然的工作。另一方面，我們看到一個新故事正在萌芽，而這其實也是個久遠以來眾所周知的古老故事，深埋在我們的骨髓之中，說的是關於如何和自然共事共存。火燒眉睫的問題是，我們要如何在現代的脈絡下活出這個古老的故事。某種程度而言，這兩個故事只是反映出我們的生活方式，我們是如何開放地擁抱生命，又或是如何恐懼而抵抗著生命。無可避免地，兩種態度都會存在。然而因為種種複雜的理由，現代文化演變成緊抓著恐懼或抵抗，形之於外的是高牆建築，或足以摧毀地球好幾次的武器囤積量，或施行宰制的慾望，抑或是對「他人」進行殖民。

　　公共知識份子大衛・塔西（David Tacey）[9]在他的著書《神聖邊緣》（*Edge of the Sacred*）中引用榮格的想法，描述理解世界的三個階段。在第一階段中，土地是神聖的，大地的神靈被視為是存在於世界中的真實力量。在第二個階段，就是我們現在的階段，這些力量被視為非理性，只是我們的心智投射在無生物的現象上，「通常可以追溯原因到歇斯底里式的意念或難控的情緒」（Tacey, 2009, p.26）。雖然我們藉由科學和分析的心智已然達成許多成就，塔西認為階段二的思想得為當前的生態危機負責，因而號召第三階段的思想，在這個階段世界會再度變得神聖。他寫道：

---

[9]　編註：大衛・塔西（David Tacey），知名澳洲公共知識分子，作家和跨學科學者。

「階段二的思考方式把我們放在沒有靈性、沒有情緒的荒原中來設想，是理性和科學清除了這個世界上所有的心理投射，這世界不再留下什麼可以和我們產生關連，或讓我們形成什麼靈性連結的……世界不再神聖，變成用來滿足利己私慾的不動產或『自然資源』」（ibid, p.27）。塔西提到，當我們進入第三階段的思考，我們會對地球和世界的超個人力量再度變得開放，然而我們需要適合這種階段的宇宙觀。

數十年前，生態神學家湯瑪士·貝瑞敦促我們的文化需要找到賴以生活的新故事。他寫道：「一切關鍵都在於故事上。現今我們正身處麻煩中，因為我們沒有一個好的故事。我們處於兩個故事之間。舊的故事——說明世界如何形成以及我們如何融入世界——不再適用，而我們尚未學到新的故事」（Berry, 1978, p.77）。許 多生態心理學領域的作者提出，如果我們可以「和自然重新連結」，或「與自然再次戀愛」，我們對人類以外世界的破壞將會停止。另外有些人指出，人類文化的深層療癒其實更加複雜。榮格分析師傑洛米·伯恩斯坦（Jerome Bernstein）[10] 寫道，原住民文化活在一種「互惠性」（reciprocity）心靈中，而我們現在則深陷於「統治性」（dominion）心靈當中，類似於塔西所

---

[10] 編註：傑洛米·伯恩斯坦（Jerome Bernstein），美國榮格心理學分析師。

提的階段一和階段二的思想。伯恩斯坦提出，與其進入一個新故事，或回到過去的某個狀態，我們需要讓互惠性心靈和統治性心靈彼此產生連結，以便從現代性再向前演化（Bernstein, 2005）。當理性、分析性的心智貶抑著階段一的思想，視其為非理性、迷信或幼稚的想法時，這一點會難以達成。有些著作嘗試在兩種思想方式中間建立橋樑，例如榮格（Carl Jung, 1977, pp.261-271）、盧伯特‧夏卓克（Rupert Sheldrake, 1990）[11] 和羅賓‧沃爾‧基默爾（Robin Wall Kimmerer, 2013）[12] 等人的作品。

心理治療讓情緒智能（emotional intelligence）與理性心智產生關連，幫助個人探索本身的自然天性，所以也是新故事的一部分。然而，心理治療仍有許多方面還困在舊的故事裡。心理治療尚未體認到我們從生命最初就與人類以外的世界息息相關，以及這些更寬廣的關係，對於童年發展、與對於人類的創傷和療癒，都會造成影響。心理治療傾向於將創傷個人化，通常無法看到心理疾患和我們所有人浸淫其中的文化間所具有的關聯性。

---

[11] 編註：盧伯特‧夏卓克（Rupert Sheldrake），英國超心理學領域的研究者與作家。
[12] 編註：羅賓‧沃爾‧基默爾（Robin Wall Kimmerer），美國知名環境與森林生物學家與作家。

分離病症的多重樣式──及其療癒

　　無可避免的，我們文化的失衡和失能，以多重樣式顯現在個體上。生態心理學家已經對我們集體的情境，提供許多不同的洞見，也指出這會如何呈現在個人的病症中（摘要可以參考如 Prentice, 2003, p39-40）。例如，保羅・雪帕（Paul Shepard）[13] 在他的大作《自然和瘋狂》（*Nature and Madness*）（1982）書中描寫了我們是如何與自然開始分離。他提出，農業和畜牧的開始，標誌了人類心理歷史上的一個轉捩點。隨著我們逐漸掌控自然，我們也蒙受著失去野性部族式童年和傳統成年過渡儀式的苦果。後果是，西方文化無法充分成熟地進入成人階段，我們停滯在「個體發生學上的蹣跚」（ontogenetically crippled）。經過時間的推移，我們形成一種青春期文化，在全能幻想（fantasies of omnipotence）、自戀、矛盾中掙扎，最後導致了我們的攻擊性。這是諸多可能答案之一，回答了生態心理學提出的一個核心問題：**為什麼人類對於支持自己生存的生態系統會這麼具破壞性？**

　　其他的生態心理學家提供了不同的觀點：闕莉絲・葛

---

[13] 編註：保羅・雪帕（Paul Shepard），美國知名環境保護主義者與作家。

蘭汀寧（Chellis Glendinning）[14] 相信，西方文化正受苦於「原始創傷」（original trauma），這肇因於我們系統性地將生命移出自然，也就被移出「生命力量本身」（Glendinning, 1995, p.37）。她的書取名為《我名叫闕莉絲，我正從西方文明復原過來》（*My Name is Chellis and I'm in Recovery from Western Civilisation*）（1994），書中提出一種匿名戒酒會（Alcoholics Anonymous）的模式，從科技和其他西方成癮的傷害中，走出否認的心態，一步步邁向康復。依循同樣的脈絡，亞伯特·拉尚斯（Albert LaChance）[15] 寫出從生態破壞中康復的十二步驟手冊。我曾將消費主義比擬為一種巨大的、集體的飲食障礙（Rust, 2005, 2008b），康復之道不能光靠一份減碳餐（carbon diet）[16]，而是得覺察我們的飢餓、渴求，以及我們如何在更深層次得到滿足。

　　當我們被教育成大地只是我們待用資源的集合體，不意外地，自戀就會與日俱增；當我們只是以物質資源的獲取和職涯的成功作為進入成人階段的標記，當未來是如此極度地不確定，許多年輕人罹患心理健康問題或轉而犯

---

[14] 編註：闕莉絲·葛蘭汀寧（Chellis Glendinning），美國作家和活動家，被稱為生態心理學概念的先驅。

[15] 編註：亞伯特·拉尚斯（Albert LaChance），詩人、心理學家、成癮治療師與作家。

[16] 譯註：作者將消費主義高耗能、高排碳的生活方式喻為近似暴食、嗜食的飲食障礙，而控制飲食，或控制碳的消耗，亦即對消費的控管，此種生活解方則被喻為 carbon diet，既可以指飲食習慣的改變。也兼指生活上更抽象的全面節碳。

罪，會很令人意外嗎？當我們野性的自我被過度馴化，坐在螢光幕前過著室內生活，我們也失去了生命和連結的活力泉源，導致孤單和隔絕，以及人際關係的困境與成癮的傳染蔓延。當我們生活在這樣一種隔絕、不公的社會，有權勢的人否認我們正罔顧後果地走在一條通往生態滅絕的道路上，無怪乎人們覺得無根、游離、失聯、錯位與受創；無怪乎，我們看到我們社會中崛起的瘋狂。

最近，生態心理學家芝瓦・伍德伯利（Zhiwa Woodbury）[17] 建議氣候變遷（climate change）最好改稱之為「氣候創傷」（climate trauma），因為在這個世界上已出現越來越多新聞警示這項天劫大難。我們會這麼難以面對這點的其中一個原因，是因為我們還積累著尚未消化完的世代創傷（intergenerational trauma）（Woodbury, 2019）。顯然我們之中還有許多人仍完全被淹沒其中。當人們還無法面對和療癒傷口，就不免會被吸引到任何他們觸手可及的因應方法，例如否認無視、成癮自醉、轉移焦點、同流合汙，並且隱藏絕望。創傷於是傳過一代又一代。相反地，當我們進行多種心理和靈性的療癒，散布到全世界，並且採取一種「創傷就此打住，到我為止」的立場，就可以產生喜樂和力量。療癒我們自己和與我們一脈相傳的祖先，會打

---

[17] 編註：芝瓦・伍德伯利（Zhiwa Woodbury），美國生態心理學家與作家。

開療癒我們與大地關係的願望，也開啟療癒與後代子孫間關係的願望。

　　到這裡為止，我希望對讀者而言能夠清楚，從生態心理學的領域衍生出來許多不同範疇的生態治療，這些實務的核心都是深化我們與人類以外世界的關係；某些實務提供「與自然重新連結」（nature reconnection），而其他一些實務則也關注我們的文化制約（cultural conditioning）。大衛·基德納（David Kidner）[18] 形容「心靈殖民」（colonization of psyche）以及「將自然重新象徵化」（resymbolize nature）的必要（Kidner, 2001）。羅曼尼辛（Romanyshyn, 2011）[19] 號召一種文化的治療，而阿拉斯塔·麥金托許（Alastair McIntosh）[20] 則描述一種文化心理治療。（2008, pp.210-244）。自然改變計畫（Natural Change Project）是一個獨特的範例，試圖在機構組織的層級上促成與自然重新連結，既注意文化與自然，也注意組織文化（Kerr & Key, 2012b）。許多其他的生態治療被運用於個人和團體上，其信念是當你療癒了個人，你就療癒了文化。的確，文化心理治療一部分的工作可以視為是對心智的去殖民化（decolonisation）：療癒許多被內化的壓迫，並看見它們彼

---

[18]　編註：大衛·基德納（David Kidner），英國心理學家。
[19]　編註：羅柏特·羅曼尼辛（Robert Romanyshyn），英國心理學家。
[20]　編註：阿拉斯塔·麥金托許（Alastair McIntosh），蘇格蘭作家，學者和活動家。

此間的關連。在第六章，我會回頭來看生態心理治療的洞見和實務被運用於社群當中的許多不同方式。先記著這一點，我現在起會條列一些有益於生態心理治療的關鍵名詞與概念，並且指出存在於這個領域的一些挑戰。

生態自我

　　要療癒我們和土地失去連結的核心重點，就是重新構思我們如何經驗自我。「生態自我」（ecological self）這個名詞，最早是由深層生態學家亞尼・奈斯（Arne Naess）[21]所創。他主張我們透過認同他者——其他人乃至其他物種——的能力，會豐富和深化我們對自我的體驗。藉由這樣的方式，我們可以感到對他人的悲憫心（compassion）和同理心（empathy），以及一種生態認同感（a sense of ecological identity）（Naess, 1988）。同理心的發展是心理健康至關重要的一部分。

　　生態自我必然與外在自然交融連結，並深埋於外在自然之中，相對於我們習以為常觀念裡的那種存在於肉體中的自我（a skin-encapsulated ego）。自我的經驗可以是古老

---

[21] 編註：亞尼・奈斯（Arne Naess），知名挪威哲學家，深層生態學的創始人，是二十世紀的環保運動中最重要而且最具啟發性的學者。

而無時間性的，喬安娜・梅西（Joanna Macy）[22] 描述這是一種「深度時間」（deep time）的感覺；她寫道：「為了轉換到生命永續存在的社會，我們必須重拾祖先的能力……我們必須調整頻率應對更長遠的生態節奏，滋養出和過去與未來世代一種強烈、有感的連結」（Macy & Young Brown, 1998, p.136）。對某些人而言，這可能是和石頭的連結（見本書第 57 頁引用榮格的部分），或「像山一樣思考」（Leopold. 1949, pp.129-130）。或者這也可能是一種向外擴展的經驗，延伸到土地上，正如榮格在他的自傳中所描述的。「有時候我覺得我好像延伸出去到外面的景觀，或融入周遭物體中，我自己就活在每棵樹木中，活在波浪的拍打中，活在來來去去的雲朵和動物中，也活在季節的更替中」（1961, p.225）。這段話提供了非常深刻的滋養經驗，體驗與所有生靈合而為一。這也可能支持我們從自我的苦痛轉而在時間、驚奇和意義上以完全不同的感受，就更大的整體達成自我認同。

　　珍妮特・阿姆斯壯描述了一種原住民對自我的觀點，讓我們更清楚，我們和其他生靈是互相關聯和互相依賴的，在自我和世界之間並沒有明確的分隔線：

---

[22] 編註：喬安娜・梅西（Joanna Macy），美國知名環境活動家與作家，同時也是佛教，一般系統理論和深層生態學的學者。

在其他許多廣大的自我之中，我們苟活在我們的皮膚
裡……歐肯納根人教導我們，我們的血、肉和骨，都是大
地的身體（Earth-body）；在所有生命循環中，土地運作著，
我們的身體也是如此……我們所說的「身體」的這個詞，
在字面上就意味著「夢見大地的能力」……歐肯納根教導
我們情緒或感覺是一種能力，藉著這樣的能力，社群和土
地貫穿融合於我們的存在之中，並且成為我們的一部分。
這樣的羈絆和連結，是我們個體完整和幸福的首要條件。
（1995, pp.320-321）

這樣的觀點呼應著一種更近代的觀點，我們的身體是
由人類的細胞和其他以我們為宿主的微生物所共同組成。
我們棲息於一個有著層層疊疊關係的系統中，互相關聯，
也互相依賴。從這樣的觀點來看，與其說自我是一種靜
態的或清楚定義的「東西」（thing），毋寧更是一種歷程
（process）。

如果視我們的內在世界是外在世界的小宇宙，我們
認同動物、植物、石頭、或流水的能力，就能用許多的方
式，讓我們生態自我的不同層面也活躍起來。許多人會熟
悉西方占星學，它讓我們能看見到其他存在的特質反映在
我們自己內在——例如，山羊的堅忍不拔，公牛的固執和
力量，螃蟹寓身殼內的內傾特質，或如蠍子的犀利穿透等

等。許多人的夢境生活中也都明顯可見這類的象徵。我將在第五章回到這個主題。

生態潛意識

羅斯札克在他的著書《傾聽地球的聲音》（*The Voice of the Earth*）中強調，工業社會中瘋狂的根源乃是對生態覺察（ecological awareness）的潛抑（repression）。他寫道：「正如同過去治療的目的是重新發現潛意識中潛抑的內容，生態心理學的目的也是要喚醒潛藏於生態潛意識之中，對環境互惠性與生俱來的感受力」（1992, pp.320-321）。

某些生態治療實務工作者，包括我自己在內，主張我們可以透過花時間沉浸在超乎人類的世界中，也可以沉浸在夢境世界裡，來探索生態潛意識（Kerr & Key, 2012a）。

這部分跟席爾斯（Searles）在他的大作《正常發展者和思覺失調症者的非人類環境》（*The Non-Human Environment in Normal Development and in Schizophrenia*）（1960）所描述的種系發生性退行（phylogenetic regression）觀點有些連結。他主張退行並未終止在童年，而是在演化的路上持續往回。就此，席爾斯認知到地球社群的所有層面都可以在人的內在世界中發現，即我們的內在世界是大宇宙（macrocosm）中的小宇宙（microcosm）。然而，我們只是

退行到那些狀態的想法，或多或少意指那些狀態相較於人類的智能「較為低等」。

親生命性、懼生命性與愛恨交織之情

親生命性（biophilia）這個名詞是埃里希・佛洛姆（Erich Fromm）[23] 最先使用，用來形容「對生命和所有生靈的熱愛」（Fromm, 1973, p.365）。1984 年生物學家威爾森（E. O. Wilson）[24] 引入與推廣**親生命性假說**（The Biophilia Hypothesis）（1984）。他寫道：「我們之所以是人類，很大程度上是因為我們和其他生命體緊密聯繫的特殊方式。他們是人類心智之所從出而且根植其中的母體基質，他們也提供我們天生尋求的挑戰和自由」（p.139）。威爾森認為親生命性根植於生物本性中，但正如多德斯（Dodds）[25] 所指出：「威爾森的親生命性是某種可以被學習、被鼓勵和被發展的特質。其指涉的不是一種固定的本能，而是一種天生想要連結自然世界的傾向，這種傾向也許可以特別在精神分析師倍感興趣的童年發展關鍵時期中教養出來，也或許

---

[23] 編註：埃里希・佛洛姆（Erich Fromm），知名美籍德國猶太學者，人本主義哲學家和精神分析心理學家。

[24] 編註：愛德華・奧斯本・威爾森（Edward Osborne Wilson），美國昆蟲學家、博物學家和生物學家。

[25] 編註：約瑟夫・多德斯（Joseph Dodds），捷克精神分析師。

不行。」（Dodds, 2011, p.78）。

懼生命性（Biophobia）就沒這麼普遍被討論到，但卻可以視為是我們對人類以外世界所具有的破壞性的根源之一。我們與人類以外世界逐漸失去連結，於是引發疏離感，並造成視自然為「他者」（other）的傾向。這導致我們對自然、或對自然的某些特定層面產生恐懼，而且變得越來越廣泛。有些恐懼固是理所當然，但也有很多是心理投射，出於我們對「危險的野生他者」施以掌控和征服的需求。這導致了許多苦難，例如對待養殖場動物和醫療實驗動物的殘酷惡行，常常是基於認為動物不會感到痛苦的錯誤觀念——視牠們只是物品。

心理學上，可以說我們還沒有好好面對我們和自然界間愛恨交織的關係。大自然做為萬物之母（The Great Mother），既是始終慷慨寬厚的慈母，同時也是暴虐致命的惡母。為了保護心中地球美好母親的經驗，我們傾向運用「分裂」（split）機轉，於是對大自然或予以理想化，或予以貶抑。理想化可以明顯地從「我愛大自然」這樣的詞語中看出來，相形之下老鼠、蛞蝓、蜘蛛和病毒則受到貶抑，它們承受著很多無憑無據的投射。或許西方文化最困難的面向之一，就是要接受我們所有需求都全然仰賴地球。接納在地球偉大的身軀中我們是如何渺小，這一點會顯露出我們的脆弱、以及我們根本無力主掌世界的事實。這可

能會引發某些人感到受辱，特別是那些經驗過早期創傷的人（對愛恨交織之情的進一步討論請見參考書目，Jordan, 2009、Dodds, 2011，第七章）。我會在第五章回顧這些主題，視其為人類中心主義的一部分來討論此現象及其療癒。

生態心理學和語言

請想像一下當你閱讀到鯨魚溯游泰晤士河，當她游到倫敦大橋，迎向等待著她的群眾；或者反過來，閱讀到蘇珊走了一段路，到達海灘，**牠**（it）躺下來休息。這是個例子，說明了分離的故事如何深埋於我們的思維模式和語言中；在這個例子可以看到我們如何在提及非人類時，就像提及物品一般使用「牠」或「它」，而人類則會被視為主體。我們也會說「走出戶外進入大自然」，和用諸如「人類與自然」（human and nature）這樣的詞句——甚至更糟的用「（男）人與自然」（man and nature）——這隱隱意味著我們和自然是分開的。

生態心理學家羅伯特·葛林威強調我們需要將生態心理學立基於一種挑戰二元論的語言中；他提出，一種復原性的語言最好要包括詩的語言在內（Greenway, 2009）。我們也需要一種更關係取向的語言。正如心理治療在過去一百年中，已經創造許多方式來描繪內在世界的狀態和人

際動力的多重層次，同樣地各式各樣的生態治療也正要開始創造新的語言來描繪我們與大自然間的關係。這不必然簡明直白。諸如「人類外世界」（other-than-human world）或「超乎人類的世界」（more-than-human world）（Abram, 1997）等新的詞語雖然有幫助，但也有點冗贅，對某些人而言可能還覺得有點矯情。其他出現在流行文化中的新字詞，包括鄉痛（solastalgia），亦即因為環境變遷而來的傷痛（Albrecht, 2007）；土地心理學（terrapsychology），亦即與地方的靈魂，包括都市的靈魂，交會與重新融合（Chalquist, 2007）；飛行恥辱（flygskam），亦即對搭乘飛機感到羞恥（flight-shame）的瑞典語 [26]；生態焦慮（eco-anxiety），亦即因為環境多重危機而造成焦慮度升高（Buzzell & Edwards, 2009）；自然天性缺陷障礙（natural deficit disorder）[27]，亦即當孩童花太少時間到戶外後，廣泛發生的各種行為問題（Louv, 2005）。

這也許有些令人迷惑，我們只有「自然」（nature）一個名稱，卻涵蓋這麼多不同的意義，或許很容易讓人混淆。Nature 可以用來形容植物、動物、岩石、景觀，以及

---

[26] 編註：飛行恥辱（flygskam）是一種社會運動，在 2018 年始於瑞典，之後遍及了全北歐。這項運動的主旨在於鼓勵人們拒搭飛機，以減緩二氧化碳對氣候變遷的影響。

[27] 譯註：natural deficit disorder 過去中文曾譯為「大自然缺失症」，惟考量 deficit 在醫學上更指器官或特質的缺陷，而非成份的缺乏，而 nature 一字既可能指外在的大自然，也可以指人類的自然天性，模擬醫學用詞改譯為「自然天性缺陷障礙」。

世界上所有不是人類所創造的其他事物。Nature 也可以指我們內在的人類天性或本質。Nature 這個字的字根是拉丁文的 *natus*，是出生（birth）的意思；這是我們身為一個物種的出生地，也是我們生命終點的回歸處。無疑地對某些人而言，包括原住民族們，大自然不只是具體的肉體，也是神聖的，我們通常把 N 大寫來表示我們生存其中的更大整體、生命的網絡、偉大的奧祕（the Great Mystery），承載著生命的力量。此時此刻，我也正摸索著該如何用詞遣字來形容那難以言喻的、神聖的存在，卻遍尋不著。我們需要更多意涵微妙的字詞以符合我們的經驗和想像。

很諷刺地，許多透過觀察樹木、冰雪、山岳、大地，並與之共同生活幾個世紀而產生的古老字詞，正在漸漸離開我們的字典。「阿米爾」（Ammil）是一個德文郡地區（Devon）[28] 的用詞，形容當冰霜微微融化後又再次結凍，所有的樹葉、細枝和草葉因而都被一層薄冰抹亮，導致在陽光照射下整片大地閃閃發光，這個詞彙就是無數字詞中的一個例子，顯示出那些浸淫在水的日夜循環和轉化的人們的細微觀察。自然作家羅伯特・麥克法蘭（Robert Macfarlane）[29]（2015）已經著手逐年蒐集這些迅速消失的

---

[28] 譯註：英國地名，位於英格蘭西南部。

[29] 編註：羅伯特・麥克法蘭（Robert Macfarlane），知名英國學者與作家，以有關風景，自然，地方，人物和語言的書籍而著稱。

詞彙，並呼籲我們的語言要重新野化（re-wilding）。他也提醒在牛津青少年字典（Oxford Junior dictionary）中越來越多被認為跟當代童年生活無關的日常用字，例如藍鈴花（bluebell）、橡果子（acorn）、毛茛花（buttercup）和蒲公英（dandelion）等，正在被剔除，而新加入了諸如部落格（blog）、寬頻（broadband）、網紅（celebrity）、語音信箱（voicemail）等術語（Macfarlane, 2015, pp.3-4）。這又是另一個實例說明語言如何反映出我們生活的改變。拉爾夫·沃爾多·愛默生（Ralph Waldo Emerson）[30]形容語言是「詩的化石」（fossil poetry），蘊藏於其中的是一層層的人類關係史（Waldo Emerson, 1844, p.13）。

生態心理學做為一種白人中產階級的社群

生態心理學長久以來就被批評主要是由優渥的白人組成的社群。建築師卡爾·安東尼（Carl Anthony）[31]是一位非裔美國人，就生態心理學和環境運動做為一個整體而言，他提出了一些建設性的批評。他寫道：

---

[30] 編註：拉爾夫·沃爾多·愛默生（Ralph Waldo Emerson），美國知名哲學家、文學家與詩人。
[31] 編註：建築師卡爾·安東尼（Carl Anthony），知名美國建築師，作家、廢奴主義者與社會正義運動家。

　　我想起我的鄰居，一位七十歲的老婦人：她的父母本來是南方的佃農，卻被迫離開南方的土地……因為機械化作業和棉莢象鼻蟲（boll weevil）[32]……（也受到）三 K 黨（Ku Klux Klan）[33] 問題和無法參加選舉投票的影響。如果你在生態文獻的篇章中尋找，絕不會找到關於這些苦難的資料。陷身這些困境的人通常是深層生態學家難以探及的。深層生態學確實觸及某些事，然而少部分中產或中上階級歐洲人傾聽地球聲音[34]的渴望，可能在某部分來說，只是這些階層的人在面臨威脅時的一種策略，好放大自己內在的聲音，不單只是地球所受的破壞在出聲，多元文化人類社群的正當訴求也喧鬧著希望被聽見……這些人既然這麼會像山一樣地思考[35]，為什麼沒辦法像有色人種們一樣地思考呢？（1995, pp.264-265, p.273）

　　安東尼提出：「我們必須要找到一個方式來建構一個多元文化自我（multicultural self），與生態自我（ecological

---

[32] 譯註：棉莢象鼻蟲（boll weevil）原產於墨西哥，在 1910 年到 1915 年間入侵美國南部阿拉巴馬州，造成棉農損失慘重。

[33] 譯註：三 K 黨（Ku Klux Klan）是美國南北戰爭後，南方黑奴雖在政治上獲得解放，但仍有些南方的白人組成團體，持續主張白人的優越性，仇視甚至私下暴力攻擊黑人。

[34] 譯註：此處調侃生態心理學的起源羅斯札克的著書《傾聽地球的聲音》。

[35] 譯註：此處調侃李奧波（Aldo Leopold）關於土地倫理的重要文章〈像山一樣思考〉（Thinking Like a Mountain）。全段可參考《生態心理學》第 367、378 頁，卡爾·安東尼的文章〈生態心理學與純白迷思〉。

self）相呼應。我們必須要擁抱人類的多樣性，用我們對待彼此的方式——以對抗那種以白人為主流，剩下的都是『他者』（other）的觀念。如果生態心理學中沒有有色人種的立足之地，沒有鄭重出聲矯正種族主義造成的扭曲，終究只是個自相矛盾的語病。」（ibid, p.277）（對此議題更完整的討論請見 Prentice, 2001）

4
面對生態危機的心理反應

在如此沉迷於英雄式「前進與向上」這樣進步性口號的文化中，我們自然會抗拒歷程中後退與墮落的部分。然而，只有當我們把「前進與向上」和「後退與墮落」相結合時，我們才能完成大自然所教導的循環旅程。

　　在接下來的兩章中，我將回顧心理治療的傳統架構，以解釋如何將我們與人類以外世界的關係整合至各樣的心理治療歷程中。在本章，我將聚焦在生態危機的討論：個案如何說明（或不說明）他們的悲傷和恐懼，以及做為治療師我們該如何回應。我將說明如何從不同的面向來化解「生態焦慮」（eco-anxiety），例如對於人類和對於非人類的苦難的平行處理，我們與土地的關係，以及「該如何在這最具挑戰性的時期尋找希望」這個棘手問題。

　　我的個案安珀（Amber）在近日持續高溫的天氣中滿身通紅地到來，而治療剛開始，她就談及對於春季異常高溫的擔憂。她停了幾秒鐘，看著我，好像是在試探我的反應。當我反應過來，回答她「妳在擔心氣候嗎？」她點點頭，繼續滔滔不絕地說著未來看起來是如何一片渺茫：當前的世界局勢似乎非常不穩定，許多國家的政治開始右傾，十分令人擔憂。她總結說：「然後還來了個川普（Trump）。他否認有氣候變遷，我覺得我們根本完蛋了。」我發現安珀已經有很長一段時間都懷著這些對未來的想法，但這是她第一次對任何人，甚至對她自己承認這一點。

　　安珀最初是為了尋求解決飲食失調的問題而接受治療，在前兩年的治療中專注於處理她的內心世界和關係模式。當我問她想到氣候變遷時心裡的感受如何，她可以辨識出一些情緒：恐懼、悲傷、憤怒、難以承受和無能為

力。當眼見其他人遭受如此明顯的苦難時,她對於自己過著如特權般的生活感到內疚。她能怎麼辦呢?當她將話題轉換至處理這問題有多困難時,我認識到她面對這個世界的感覺可能有多麼強烈,而要與因此衍生的罪惡感共處尤為艱難。然後我問她:這些感覺會不會在特定時間浮現。

她告訴我,下班後的夜晚她經常非常難受。前一天晚上,有關氣候變遷與相關遷徙的特別報導,促發她又發作一次暴食症狀。看著這麼多人被迫從屬於他們的土地出走,這使她想起了十一歲那年,她與家人從廣闊的沙漠和蔥鬱的綠洲,遷移到潮濕灰黯的倫敦郊區——這對比十分強烈。家中沒有人談論整個家庭因為這巨大變動而遭逢的絕望失落。

安珀剛開始接受治療時就向我講述過她的故事,但這時她已經準備好面對因為失去家園和歸屬感而產生的悲傷。她將沙漠描述為一個令人敬畏的所在,在那裡她感到自己心胸開闊,而且「如此寬廣的地方有助於她在內心找到一片平和的空間」。回首過去,她覺得這使她對地球充滿了敬意。

她意識到在這個嶄新而陌生的倫敦城裡,家中沒有任何人想到要幫她消化這份悲傷。當時她的解決方案是通過安慰性飲食來麻木自己,將煩惱轉移到她和身體的關係中。當她體認到自己因童年失去家園而悲痛時,安珀逐漸

開始更加地由內感受到自己踏實地存在著。偶然間，她獲得當地政府配給的一小塊土地，在那裡親手種植自己的食物，這成為她重要內在滋養的來源。她發現，傾聽身體的聲音可以幫助她了解植物和土地。舉例來說，當她閉上眼睛，手裡拿著種籽時，種籽會告訴她他們需要被種在哪裡，種在土壤中什麼樣的深度。她的身體正成為一片土地的盟友，而非敵人。隨著她逐漸遠離對食物的沉迷，轉而投入於**人類和非人類的關係**之中，她直覺感受的發展支持了心理治療的內在歷程。最近，她成為了當地城市農場計畫的志工。安珀認同自己是跨種族的混血，而在那裡她找到一個由多元文化所組成的社群，人們在此分享他們對全球危機的感受，這緩解了她的孤立感。

經過一段時間，我們回到她先前的結論：「我們根本完蛋了」。她對未來有什麼想像？對她來說最令人不安的，是巨大的不確定性（The Great Uncertainty）：可以肯定的是，我們即將面臨一個極為艱難的時代，但不確定會是何時、如何、在哪裡發生？我們會做為一個物種存活下來嗎？她的結論是沒有一個地方安全。接下來她所持續探討的問題則是：「什麼可以幫助她在這些極度的不確定中存活下來？」「她在哪裡可以找到自己的信念？」參與脫口秀喜

劇課程，幫助她找到了內心的愚者[1]，這意味著她要走下懸崖，臣服於當下的各種意料之外的情境。

對此過程的反思

　　令人驚訝的是，一句關於天氣的短評很容易就令人忽略，卻能揭示人們對未來的生存恐懼。榮格分析師湯瑪士・辛格（Thomas Singer）[2] 寫道：「滅絕焦慮正在氾濫，儘管它經常以群體或文化焦慮的替代形式被表達出來，而不是直接表現出對滅絕的恐懼」（2018, p.205）。他認為這與毀滅焦慮（annihilation anxiety）[3] 不同，毀滅焦慮是對個人生存感到威脅而生的深層恐懼。滅絕焦慮可能會導致各種成癮、焦慮和其他心理健康問題。我在其他地方寫過一篇關於一位個案的故事，她用毒品和酒精來麻痺她當時對地球環境無法表達的焦慮（Rust, 2008a）。心理治療師蘇珊・博德納（Susan Bodnar）[4] 寫道：「仔細研究一些年輕人的臨床資料中可見，借酒澆愁型的酗酒和解離性唯物主義（dissociative materialism）的某些面向，可能是人們與其生態系統之間關係變化的體現」（2008, p.484）。

---

[1]　譯註：作者在此引用塔羅牌中的愚者牌。在紙牌上的圖畫中，愚者總是背對懸崖而立。
[2]　編註：湯瑪士・辛格（Thomas Singer），美國精神科醫師與榮格分析師。
[3]　譯註：指精神分析中幼時對生命無法存續的原始焦慮。
[4]　編註：蘇珊・博德納（Susan Bodnar），美國心理學家。

生態焦慮、否認與推諉

　　「生態焦慮」（eco-anxiety）這個更籠統的術語已經沿用了十多年。布賽爾（Buzzell）[5]和愛德華（Edwards）[6]描述過當一個人開始意識到生態危機時的各種不同感受，例如震驚、不知所措、絕望，以及傾向退縮到拒絕承認的狀態（2009, pp.123-130）。如前例中的安珀所示，在生態焦慮下還存在著多種感受。深層生態學家喬安娜・梅西（Joanna Macy）[7]是最早提出我們需要「榮耀我們為世界感受到的痛苦」（"honour our pain for the world"）的人，我們需要明確指出並探索浮現出的感覺，而且非常重要的是，要以群體的方式來分享這些感覺。她強調，我們的情緒反應是對災難性生態危機的一種健康反應；讓情緒流淌意味著我們可以從麻木和無感的狀態，轉變為感到有能力付諸實行，用她的話來說，就是「從絕望到培力」（from despair to empowerment）。她開發出一套療程，就是知名的「重新連結的工作」（The Work that Reconnects）（Macy & Young Brown, 1998）。

　　無感（apathy）常是我們陷入麻痺狀態的一種反應，面

---

[5] 編註：琳達・布賽爾（Linda Buzzell），美國心理治療師和環境治療師。

[6] 編註：莎拉・安・愛德華（Sarah Anne Edwards），美國環境心理學家。

[7] 編註：喬安娜・梅西（Joanna Macy），美國環境活動家、作者、佛學家和深層生態學家。

對如此緊急的危機卻無法行動；這卻被誤解為缺乏關心。實際上，絕大多數人確實非常關心地球和我們的未來，但他們可能因無法處理強烈的感覺，而轉化為麻痺沒有反應（Lertzman, 2015）。同樣地，他們可能對我們所面臨的問題其規模程度感到不知所措，因此並不總是明白可以採取的行動。石化燃料業的投資者傳播的錯誤信息，更進一步混淆了這種情況。（Hamilton, 2010）

　　推諉（disavowal）一詞有助於描述為何許多人明知氣候變遷的驚人事實，卻為了繼續日常生活視而不見；引起焦慮的現實被與意識分離開來，使我們無法對緊急情況做出反應。這有別於否認（denial）狀態，後者是駁斥氣候變遷的事實（Weintrobe, 2012, pp.33-46）。明確指出這些不同的狀態有助於治療師和個案溝通，識別出我們所有人在應對氣候變遷時遇到的困難。

「我的個案們不談氣候變遷」

　　許多心理治療師說，他們的個案並沒有提到氣候變遷。當然，總會有些人不希望將世界大事的討論帶入他們的治療時段裡。但是，某些個案希望確實地表達自己的恐懼，這也是有原因的。對於某些人而言，氣候變遷是令人恐懼的，甚至會造成精神創傷。創傷經常從意識中分離出

來並被掩蓋。它可能會在夢中或漫不經心的言談中再次出現，因為個案既想要又不願意談論它。如果心理治療師曾探索他們自身與地球和生態危機間關係的歷程，那麼就很容易掌握線索，例如對異常氣候的隨性意見，對其他政治騷動的評論，這些都可能導向對氣候變遷的恐懼，或者涉及對土地和人類以外世界的熱愛，這些情感接著可能會引發焦慮和／或悲傷。有時，生態焦慮會被其他心理障礙（例如成癮）所掩蓋。由於在心理治療培訓中，幾乎沒有包含我們與地球之間關係的這個面向，因此許多心理治療師可能無法發現這些線索，並且覺得沒有足夠的能力來應對這樣的問題。

個案可能會擔心他們的焦慮會被詮釋為其實關乎其他某種個人議題（替代性焦慮，displacement anxiety）。在療程中尋找所有政治性題材背後的個人議題，已是心理治療行之有年的專業實踐，當然，儘管有時候確實如此（Samuels, 1993, p.116; Totton, 2016, p.15）。某些治療師可能還相信氣候危機是個被誇大的議題，個案可能意識到這一點所以害怕大聲說出來。我們經常建議採取實際行動以做為回應生態焦慮的有效反應，但是情緒反應的釋放和消化可能還需要更多時間。如果行動得太快，發自「覺得應該」而不是真心誠意，反而可能會身心俱疲。

在治療中其實並沒有針對生態焦慮的標準處方。每個

個案狀況各不相同，正如我在這裡所說明的，一旦情緒反
應得到釋放，焦慮本身得到應有的尊重，這個歷程可能會
朝著許多不同的方向發展，有時亦會觸發過去的其他問題。

我們與土地及地域的關係

　　大衛・塔西（David Tacey）[8] 在原住民圍繞的愛麗絲泉
（Alice Springs）長大。他描述在他們的宇宙觀中，「地景是
一個神話詩意般的領域……是一切的中心：同時是生命的
源泉、部落的起源，由血脈相承的祖先的肉體所化成，也
是驅策個人並創造社會的智慧之力……在西方框架中……
如果地景令人感到具有某種性格或情緒，據說這是由具感
受力的主體創造出來，並投射在土地上的。」（Tacey, 2009,
pp.145-146）

　　在我們的文化中，普遍的觀點認為自然是沒有靈魂
的，是人類一切活動的背景。儘管如此，許多人還是有著
與土地相關的深厚經驗。安珀對地方的熱愛與依賴並不罕
見：許多人會描述自己深愛上某個特定地域，以及家的重
要性——無論是在森林、高山還是在海邊（Rust, 2014）。
也有些人會描述不同地點的不同質感或氛圍，包括祖先受

---

[8] 編註：大衛・塔西（David Tacey），澳洲知名作家與跨學科學者。

過的創傷在土地上留下的遺跡。許多民族被迫從家園拔離或被趕走，因而感到憤恨狂怒。許多民族再也找不到「家」一般的歸屬。

我們與土地和地域的關係，不論是在鄉村或城市，對我們的心靈（psyche）來說都至關重要，但這一點在治療過程中通常被忽略不提。深層心理學家奎格·查爾奎斯特（Craig Chalquist）[9] 描述道，我們與土地之間的關係，會透過夢、神話和故事以多樣的形式顯現出來，這一點在原住民與其宇宙觀中廣為所知，他稱之為「土地心理學」（terrapsychology）（Chalquist, 2007）。

在此我聚焦於安珀療程中與地球相關的面向上，但這與她正在進行的內在心理工作高度彼此交雜。這說明生態心理治療不僅可以回應生態焦慮，或回應那些熱愛大地的片刻。我們與人類以外世界的關係被交織成個人與自我、家庭、文化和地球之間的相互關係，並且是緊密不可分割的。

為地球悲傷與平行歷程

對於某些人來說，與人類以外世界的深厚關係在家

---

[9] 編註：奎格·查爾奎斯特（Craig Chalquist），美國心理學家與作家。

庭生活失去正常功能時可能會挽救他們一命。我的個案約
翰（John）人生早年大部分的時間都在戶外度過，以躲避
父母間的紛爭，雙方的爭吵最後經常導致父親對母親暴力
相向。約翰成年後成為環保主義者。最終，他因為變得沮
喪與耗竭而尋求心理治療。他首先向我訴說他對地球的擔
憂。隨著悲傷的湧出，他意識到自己對人類的憤怒，並
說：「沒有我們，地球會更好。」當他進一步探尋時，他了
解到，他的憤怒對環保工作並沒有幫助。直到他花了很多
時間研究自己為何熱衷探討人類傷害地球的原因，他才得
以發洩對於父親傷害母親的憤怒，和釋放他無法保護母親
的罪惡感。

此時約翰告訴我，他從前的治療師曾做出一種詮釋，
認為他想保護地球的這份需要，其實是來自於他希望能補
償自己小時候沒有辦法保護母親免受父親暴力傷害而生的
挫敗感。他現在明白其中似乎有些道理，但是當時他感覺
到自己對地球的悲痛並沒有得到應有的尊重。一旦解開了
這些不同層次的感情，他進而可以對父親產生一些同情，
了解他父親曾在第二次世界大戰中遭受過創傷，以及隨之
產生的暴力行為。

回到今日的情況，約翰開始理解為什麼這麼多人面對
地球危在旦夕卻視而不見：太多未消化的創傷，造成了集
體的麻木和無情。藉由長期治療所獲得的這種深刻體會有

助他身為社運者的工作。約翰的故事說明了追蹤探討個案痛苦根源的重要性：他需要從對大地的悲傷開始，繼而對人類的感到憤怒，最後才能面對陷入困境的家庭關係。家庭關係和地球關係間的平行對應歷程，使他對這兩個領域都有深刻洞察。在下一個案例中，個案懷著悲慟經歷了一段不同的平行歷程。

為地球而悲傷：動物援救者

卡蘿（Carol）抱怨療程無趣乏味。她已經好幾次想知道自己是否可以結束療程。我並不確定；但由於她已經在我這進行療程有一段時間，且先前已經接受過一段長期治療，所以我也開始思考她說的是否正確。當我提出這一點時，她轉瞬間就把我的話語感受成一種冷酷，這重演了她童年時母親的冷酷。然而，隨著卡蘿談起家中各種戲劇性的事件後，這段對話就被埋藏起來。幾次會談之後，我注意到有隻大黃蜂后在椅子上爬行。這隻黑黃交錯的大號女王蜂成了一種強烈象徵，影射了螫傷卡蘿的母親，並幫助我們回到之前發生的對話上。女王蜂的出現，觸發了卡蘿對我那段話的憤怒，這是她第一次發現她在對我的憤怒中所具有的力量。這麼一來，隱藏在她治療中感到無趣其背後的思緒變得更加清晰：她並不願解決自己對殘酷母親的

感受——而且，我似乎也不想！但是卡蘿對我的憤怒有助
她釋放對母親的怨恨。最終，她母親現在年事已高並且正
逐漸失智，她驚訝地發覺到自己對這女人懷有一絲諒解。
她終於可以開始為從未真正擁有過的母親感到悲傷。

　　兩個月後，卡蘿淚流滿面地進到會談室。上次會談後
回到家，她看見一隻令人驚嚇的死鴨屍體，那隻鴨子從窗
戶飛撞進他們的房子，悲慘地撞斷了脖子。卡蘿極度心煩
意亂，以多年來已未再有過的方式啜泣著。她很早就意識
到生態危機，但是直到這時，她才能夠感受到，對於生命
網路（the web of life）中多重的失落、對於自己孩子未來的
擔憂，對於到處充斥著不必要的塑膠製品、還有許多其他
的事等等，她懷抱的痛苦有多深。她捧起仍然帶有體溫的
鴨子並緊抱著牠，以對牠的生命致敬，並為這生命透過死
亡為她帶來的深刻悲痛，表達由衷的謝意。

　　之後，卡蘿陷入長時間的憂鬱，對她這個閒不下來的
人來說是一種陌生的狀態。在這段時間裡，她能夠探索自
己與地球間關係的絕望之深，以及與之平行對應著的自己
與母親間的關係。

　　與約翰不同的是，卡蘿需要先處理她對母親的憤怒和
悲傷，然後才能感受到她對地球的絕望之深。在這兩種情
況下，平行歷程是有助益的。

　　用這種方式來總結人們的故事，可能會造成一種不切

實際的觀點，認為這樣的歷程會使他們進入絕望、憤怒和悲傷的晦暗世界，不可避免地極度漫長而痛苦，而且就像天氣一樣總是多變難料。在如此沉迷於英雄式「前進與向上」（onwards and upwards）這樣進步性口號的文化中，我們自然會抗拒歷程中後退與墮落的部分。然而，只有當我們把「前進與向上」和「後退與墮落」（backwards and downwards）相結合時，我們才能完成大自然所教導的循環旅程。

安珀、約翰和卡蘿得以承擔這黑夜帶來的禮物而再度重生，這份禮物賦予了他們進入人生下一階段的能力。但是，許多人在此過程中可能會陷入悲痛，變得充滿怨恨、憤怒和長期憂鬱，轉而放棄生活，失去愛的能力。心理治療師蘿絲瑪麗・蘭道（Rosemary Randall）[10]在她的論文〈失落與氣候變遷〉（Loss and Climate Change）中回顧了許多有關悲傷失落的理論，指出「悲傷的工作是一系列被接納、被拒絕、被衝撞或被放棄的過程……始終在進行中，沒有完全結束的時候……過程中可能會讓人感到有所躊躇或擱置不前，喪親者可能放棄讓自己復原、重新振作、向前邁進等各種嘗試」（2009, p.121）。蘭道提供了沃登（Worden）[11]的「悲傷任務」（tasks of grief）的一種改編版本：接受失

---

[10] 編註：蘿絲瑪麗・蘭道（Rosemary Randall），英國心理治療師，長期投注於環境運動中。
[11] 編註：J・威廉・沃登（J.William Worden），知名美國心理學家與作家。

落的真實狀況（或躲入否認）；面對令人痛苦的悲傷情緒
（或封閉情緒感受）；調整適應新環境／發展新的自我感（或
無法適應，變得無助、怨恨、憤怒、退縮）；重新投入情感
能量（或拒絕愛，放棄生活）。她接著建議，明確指出我們
悲傷歷程，這種做法可能也有助於理解我們各種面對氣候
變遷的不同反應。

.

5
探索人類中心主義

正如男性需要正視自己內化的性別歧視，白人需要正視自身內化的種族主義一樣，身處工業成長文化中的我們，也需要關注我們內化的人類中心主義。因此，療癒人類中心主義就是要從大自然的各方面收回我們投射出的陰影，並恢復我們視人類自身為動物的尊重。

在本章中，我將探討人類中心主義影響心理治療的某些方式——所謂人類中心主義是指人類自認優於自然界的其他存在，及基於此種觀點所造成的壓迫。這可能包括要收回自己感到厭惡而投射在人類外世界的部分自我、以及重新整合（reintegration）的痛苦過程；在探討我們是如何與本身的「生物性」（creatureliness）間產生衝突——所謂生物性也就是我們的直覺、情緒智能（emotional intelligence）等讓我們得以立足與生活在這感官世界中的能力——這類探討或許會在面對分析性心智（analytical mind）的主導下失去力道。將自我中這些互異且經常相衝突的部分聯繫起來，使我們有機會成為「完整的人」，並挑戰我們身為人類的根本認同。

與動物夥伴的關係

我的個案珍妮（Jenny）第二次前來會談，才一到達就立刻開始失控啜泣。她告訴我，她心愛的狗傑姆（Gem）快要死了。「但是，」她謹慎地補充道，「妳一定覺得我因為狗的事情如此傷心很傻；畢竟，她只是一隻動物。」我請珍妮告訴我更多有關傑姆的事情。她們已經彼此相伴十四年，幾乎每天一起散步，一起經歷許多生命中的起起伏伏。傑姆一直是個忠誠又貼心的夥伴，一想到會失去她

就令人難以承受。然而，對於我會指責她的悲傷是過度反應這一點，她的擔憂反映出一種特定的文化態度，認為動物夥伴跟人相比「比較不重要」。動物夥伴與人之間的關係其實並非「比較不重要」，實際上人類和動物夥伴間經常有很深的連結，即便人和其動物同伴是兩個不同的物種，這種連結經常具有許多特質。珍妮描述她與傑姆的關係是她第一次感受到無條件的愛，因此，這無庸置疑地是一段非常深刻的關係。人類在與動物同伴的關係中經歷到如此深切的愛，其實不罕見。

與動物性自我的關係

葛洛莉雅（Gloria）是我一位認識很久的個案，這次進到診療室時，她看來情緒非常低落。在她來治療的途中，幾個年輕白人從汽車探出身子來，對著她大喊「猴子！猴子！」，還做出了侮辱性的手勢。想當然爾，她感到了很深的驚恐 —— 我也是。距她上一次這樣公然地遭受種族歧視的侮辱已經有好幾年了，儘管身為一個黑人女性，她已經習慣經常出現在身邊許多種族歧視的小動作，而這些事情白種人很容易完全沒留意到。在我們花了一大段時間談論她遭受種族歧視的經歷，而當次會談即將結束時，她進一步回想這個事件，然後笑著說：「你知道嗎？有趣的是其實

我很愛猴子和人猿。牠們通常被認為是愚蠢的動物——但實際上，牠們既聰明又美麗。牠們絕對**不亞於**人類！我猜想那些年輕的工人階級白人在我們的社會中經常被當做笨蛋，也許他們是在利用身為黑人婦女的我來擺脫他們自己的羞恥感——因為感覺比他人低下，甚至感覺比人類低下而產生的羞恥感。」透過這層想法，她擺脫了他人投放在她身上的種族主義和人類中心主義（甚至可能還包括性別主義！）的心理投射。

　　人們通過很多種方式將他們厭惡的感覺投射到「他者」身上；男人投射到女人身上、黑人投射到白人身上、中產階級投射到工人階級身上，及如人類投射到動物身上。文化療癒中有一部分工作就是處理內在的投射作用：壓迫者必須收回自己拋出的投射，而被壓迫者必須以某種方式消除其已經內化的投射。但這不是一個直接簡單的過程。例如，要我去承認自己內心存在的白人種族主義並不容易：要揭露我既有的白人特權的確令人感到非常羞愧。要揭露我們不斷地濫用與傷害大自然的各種方式也是同樣地困難。我們心中許多的投射都暗藏在日常語言與詞彙中，例如「對牛彈琴」、「豬狗不如」或「禽獸不如」這樣的詞，我們每天都在使用著。所有這些都是人類根據自己的價值系統所做的判斷。漸漸地，藉助科學技術和觀察的藝術（art of noticing），我們越來越清楚地看到人類以外的世界裡存

在著的獨特而多樣化的智慧：動物一點也不愚蠢。我們也正在學習：野生世界也有著自己的秩序；在「重新野化」（re-wilding）的實驗正告訴我們，當我們讓大自然回歸它自己的運作，沒有人為干預時，環境的重生會進行得非常迅速（Tree，2018）。托頓認為「野性治療」（Wild Therapy）[1]是人類和人類文化對應於重新野化的一種型式（Totton, 2011）。

分析心智與身體—靈魂間的衝突

我的個案艾瑪（Emma）飽受飲食失調的困擾，急於用理性的思維來控制自己的食慾。她討厭自己的身體，並且反覆嘗試在腦中抹去生理上和情緒上的飢餓感。她可以靠僅吃一點點食物來度過白天，但是一到了夜晚，當她獨自一人在家，她就得面對一連串不舒服且難以忍受的感覺。她先是排斥自己生理上的需求，接著藉由暴飲暴食來處理。然後，在她的夢中，開始出現一種長著一排排牙齒的恐怖外星生物，從她的肚子裡冒出來，就像科幻恐怖電

---

[1] 譯註：「野性治療」（wild therapy）為尼可·托頓所提倡，一種對既有心理治療學重新架構的想法，主張重新野化內在的心靈。此與更早開始發展的運用自然荒野環境的「荒野治療」（wilderness therapy）又不盡相同。可參見《失靈的大地》頁 344-359，惟該書翻譯時將 wild therapy 譯為荒野治療，於今視之，譯為野化治療、野性治療、野治療等，較不會與 wilderness therapy 混為一談。

影〈異形〉（The Alien）那樣。這個意象似乎人格化了她的
經常性暴飲暴食。她與自己生理的需求如此疏離，她恐懼
且長期排拒這些需求，以至於它們以怪獸般的形貌顯現出
來，從她身上分離出來。

治療工作有一部分是幫助艾瑪重新安棲（re-inhabit）
回自己的身體，重新進入自身（reincarnate）[2]，讓她可以開
始聆聽自己的腸胃想要些什麼，去**感覺**，進而去區辨生理
上和情緒上的飢餓感的不同。當她慢慢開始傾聽、信任並
跟隨她的身體，而不是試圖控制和支配它時，身體不再是
隻分裂出的怪物，而是位一起復元的盟友。但是，這對她
來說是個非常困難且耗費心力的過程。她經常被非常嚴厲
的分析式理性自我所綁架，沒有留給她片刻時間來進行感
受或展現脆弱，這個理性自我對於直覺深感懷疑，認為感
官和感覺的世界根本是在浪費時間，而身體僅僅是個載
體，用來承載她最重要的心智。實際上，她自己這部分與
心理治療的整套計畫背道而馳，儘管如此她竟能每週設法
前來接受治療，倒不得不令人讚賞。她的這種態度實則內
化自她的雙親。她的另一部分——她稱之為「身體—靈魂」
（body-soul）——則著迷於繪畫，以及花時間在住處附近的

---

[2] 譯註：reincarnate 字義上原指 re-in-carnate——重新賦予或進入一個肉身，故有時用在敘述
東方宗教中的投胎轉世，然則在此處回歸文用上的原意，則在形容案主艾瑪重新回到可以感
受自己身體的感覺的狀態

河岸散步，她常常帶著朋友的狗同行。她的身體—靈魂發現心理療程工作對她來說非常寶貴，但在理性自我的批判下卻經常保持沉默，這使她每每在兩次會談間，陷入極度的空虛和沮喪。

　　漸漸地，她開始發現，事實上這個理性自我對於身體—靈魂呈現出來的混亂無序、不可預測的感覺、流動式的存在狀態，以及沒有事實或測量方式可供參照等特質感到恐懼。逐步促進她自我中這兩部分之間的對話，著實是項艱鉅的工作。到了某個階段，艾瑪做了個非常生動的夢：她夢見在很久很久以前，她因為使用某種草藥學，遭到逮捕並因使用巫術被定罪。就在她即將被燒死在木椿上的那刻，她醒來嚇壞了。她理解到，她那連結了直覺的深沉恐懼不僅來自於父母，而且也源自於數百年來對「女巫」的迫害；時至今日，這種對於展現直覺自我的恐懼，尤其對於女性而言，仍然存在於集體的無意識之中。很明顯地艾瑪的內心世界源自父母的影響，但也受到文化力量所形塑。在支持她與她自己的直覺、感官世界，和情感間得以重新連結的眾多事物中，其一正是她跟她的動物同伴、跟她住家附近的河流，以及跟特定幾株樹木之間的關係。

超越理性經驗

榮格分析師傑洛米‧伯恩斯坦用「邊界人格」
（borderland personalities）這個名詞來描述那些能察覺和感
受到自己與植物、動物、岩石、地球和祖先之間有所交流
的人。一位個案對伯恩斯坦說：「從我有記憶以來，就一
直有種對不論有生命或無生命事物的感受性。當我觸摸臥
室的門，它就會向我『訴說』它從哪個森林來，和有關那
個森林的故事。」（Bernstein, 2005, p.85）另有一位女士則
描述她在幼年就學時和「沉睡之罐」有關的創傷。老師鼓
勵學生們把活的「標本」放進罐子裡，罐子的底部預先放
了一塊浸過乙醚的布。然後再將這些標本釘在軟木板上供
人觀察。她描述了在此過程中，她是如何聽到蟲子們漸漸
死亡的聲音：「當罐子裡的空氣逐漸被令人窒息的氣體取
代時，大部分的蟲子會發出大聲喘氣和呻吟的聲音。蝴蝶
們會尖叫。那是一種尖銳高頻而斷斷續續的聲音」（ibid,
p.92）。對她來說，顯然其他人聽不到這些聲音，但這過程
讓她大受創傷，以至於她跑到廁所把水龍頭全開，想要掩
蓋這些聲音。她的父母告訴她要「忘記」這些事情，不久
之後，她開始出現呼吸道問題，最後演變成肺炎，在她生
病期間，她體驗到一種具有深刻靈性特質的、很強烈的靈
魂出竅經驗（out-of-body experience）。她從重病中康復後

說出了這段經歷，但在那次創傷事件之後，她失去了對非人類世界的感受力。直到很久以後，她與非人類世界的深層連結才得以恢復。她的創傷具有兩個層次：首先，是目睹昆蟲的痛苦遭遇，其次，是她和非人類世界連結的天賦並未被其他人所相信（ibid）。

伯恩斯坦瞭解許多個案可能因為害怕不會被相信，或會被認為是種病態，而不會告訴他們的治療師這些故事。他強調，這些人的經歷既不是妄想、解離、也不是幻覺。相對地，這些經歷乃是超越理性經驗（transrational experiences）。邊界人格者體驗到更多的，是與自然世界的合而為一，而不是與之分離，這是他們一直以來的心理實相（psychic reality）。就此而言，他們的心理經驗類似於從未與自然分離過的原住民心靈（Indigenous psyche）。這種意識狀態曾以許多不同方式被記述下來，如列維‧布留爾（Levi Bruhl）[3] 的「神祕參與」（participation mystique）（ibid, p.9）和歐文‧巴菲德（Owen Barfield）[4] 的「原始參與」（original participation）（Baring & Cashford, 1991, pp.435-437）。

---

[3] 編註：列維‧布留爾（Levi Bruhl），知名法國哲學家，其著作對榮格心理學有深刻影響。
[4] 編註：歐文 巴菲德（Owen Barfield），知名英國文學家與哲學家。

夢與原型兩極

　　榮格分析師羅德里克‧彼得斯（Roderick Peters）[5]在他的論文〈鷹與蛇：物質的心智化〉（The Eagle and the Serpent: the Minding of Matter）中描述了一些個案的夢境，夢中有類似的主題，其中出現了同樣的三個角色：一隻鷹、一條蛇以及夢者本身。例如：「一個三十多歲的男人……在他安詳冷靜、泰然自若的心智和突如其來的強烈性慾間，體會到一種令人不安的不和諧感。〔在他的夢中〕他通常是在一艘木筏上，試圖著要渡過一條河或一座湖……當他嘗試〔藉此綑編而成的木筏〕渡過水域時，幾條蛇……順著綑綁木筏的蘆葦草繩爬上來，他害怕得要命……這段時間中，他一直知道有隻老鷹棲息在木筏桅桿的頂端，彷彿對眼下所發生的事情毫不在意……另一位對自己的知性能力極度沒有信心的女士，則夢到一隻腳被卡在石頭裡無法飛起的老鷹。談到這個夢時，她說……她覺得石頭需要老鷹起飛才能夠跟著一起飛翔，否則這塊石頭的夢想就會被塵世束縛而無法成真」（Peters, 1987, pp. 359-360）。

　　彼得斯進一步說明鷹和蛇是如何做為原型兩極

---

[5] 編註：羅德里克‧彼得斯（Roderick Peters），英國榮格分析師與心理治療師。

（archetypal polarities）的代表，他們一直進行著亙古的爭鬥，出現在各式各樣古往今來的故事中，也出現在我們的夢境中。他將「鷹的心智」（Eagle mind）定義為一種飛翔於事物之上的體驗，獲得一種客觀的縱覽力，具有敏銳穿透力、專注的觀點，一種超然的境地，更能脫離土元素，而與火、風、靈等元素產生連結。「蛇的心智」（Serpent mind）則是一種非常接近或進入黑暗土地的體驗，有一種深沉而內斂的力量，具有穿透性與麻痺性，是一種主觀參與的體驗，與水和土元素相關連。「蛇的心智」是和血液與內臟相關的領域。這種心智深藏在集體性中……如果我看到有人皮肉被劃傷流血，我血的心智（blood-mind）就會受到影響，感覺幾乎就像那是「我自己的」血液一樣。就如同我和那個受傷的人之間沒有分別……這是一種古老的心智活動。」（ibid, p.373）。他接著寫道：

當「自我」意識（'I'consciousness）允許自己沉降到一種參與性的覺察時，一種個人身體自我的經驗出現……這是我們與過去的真實連結；我們可以在自己的身體本性中，通過無止盡演化的層次層層向下，感受到一種與生命最幽闇、最深遠的根源彼此聯繫。通過它，我們可以體會復活新生，彷彿我們已經觸摸到了生命力本身。沉降過程中令人感到充滿危險，因為我們知道自己已經進入了古老

蛇靈的力量之中……〔意識經驗的〕「我」……完全淹沒在一體感、海洋感、孤立感、被拋棄感、永恒感、無限感、恐懼、愛、仇恨、憤怒中；事實上，淹沒在所有的情慾之中。(ibid)

　　這個例子很恰當地描述了我們與自然間的衝突關係。這個「我」很害怕會迷失在這片大奧祕的無邊無際之中，與自然合而為一；然而，正如原住民族數千年來已然知曉的那樣，當我們能夠臣服於這種和諧一體的經驗時，一種深刻的療癒會隨之而生。

　　彼得斯亦描述了在世界各地最初流傳的故事中，鷹與蛇之間的關係如何出現。在北歐神話中可以發現鷹和蛇的一種**關係**，兩者都住在世界樹（world tree）中，鷹棲息在樹枝上，而蛇則蜷曲在樹根周圍。隨著時間的流逝，鷹逐漸成為勝利者，而蛇則承載著我們陰暗面的投射，平行對應著我們對於超然靈性的追求，以及對土地、具體化和黑暗所逐漸升高的恐懼。例如，今日在許多基督教教堂中，老鷹都在講台上背負著聖經，而蛇則被鷹的爪子牢牢地抓住，或者完全消失無蹤（ibid, p361-364）。

　　有人害怕這種說法讓我們在演化位階上退化降轉成某種「原始」生物，失去我們所相信的人類獨有的特質；害怕會被比我們更強大的事物所吞噬，害怕我們無法用理性

心智解釋的經驗；害怕被感官主導，「遭受矇騙、誤入歧途」（led up the garden path）[6] 而無法思考。這些只是諸多我們因為害怕大地、害怕自身的塵俗土氣的一部分表現，可能促使我們追求直上天際的超然境界。

　　鷹和蛇的故事鏡映了現今主導我們生活的文化，其實無法維持我們的身與心、地與天、古代與現代、情感與思想、慾望（eros）與理智（logos）、物質與精神這兩種極性間，從過去雙方對等的張力關係，現在已經轉變成為其中的一種能力或性質，凌駕於另一種能力或性質之上。這反映在我們與人類外世界的關係，我們是如何與自己的身體以及我們感知世界的具體方式產生連結，例如直覺、本能、情感和我們的感官天性。

結語

　　人類中心主義是人類詆毀和壓迫非人類世界的一種方式。我在本章中描述的例子，說明了我們做為個體是如何受到這些壓迫的影響。正如男性需要正視自己內化的性別歧視，白人需要正視自身內化的種族主義一樣，身處工業成長文化中的我們，也需要關注我們內化的人類中心主

---

[6] 譯註：作者此處原文用片語 "lead up the garden path"，字面上的意義為引導到花園小徑，引申為欺騙他人誤入歧途，用於此處尤對照出自然場景被投射負面意義的現象。

義。因此，療癒人類中心主義就是要從大自然的各方面收回我們投射出的陰影，並恢復我們視人類自身為動物的尊重。此外，所有這些壓迫並交相錯疊，這被稱為多元交織主義（intersectionalism）[7]。

6
生態心理療法：提綱挈領

我們被從大自然的其他存在切割出來的經驗，以及從我們
自身的動物天性，把我們切離了生命的源頭——那是種充
滿養分與和諧一體的生命經驗。這造成了數個世代的孤獨
和隔絕，從中誕生了消費文化的巨大饑渴感。

在這一章，我想要把某些貫穿此書的條理串連在一起，反思生態心理治療中一些核心的原則或特質。其他作者們曾描述過一些相關領域的原則和特質，例如「生態心理學的八項原則」（Roszak, 1992, pp. 320–321）以及「野性治療的特質」（Totton, 2011, pp. 184–203）。

任何事物／任何人都始終處在關係中

生態心理治療深諳我們都是更廣大的世界、亦即一個活生生、有覺知的生命網絡、充滿活力的地球中的一部分。所有的存在都是互相連結、互相依存，並且在互利互惠的關係中生活著。我們是環環相扣的關係系統中的一部分。打從生命的一開始，我們就和人類以外的世界——土地、生物、植物、元素、地域以及其他種種，建立關係，形成依附。這不僅僅是一個生態學上的事實，也是**一份心理體驗**。所有的這些關係——人類和非人類的——都造就了我們身為人類的存在。人類的療癒和地球的療復是無法分割的。

生態自我與生態無意識

從這樣一種生態現實中萌生的，是一種鑲嵌在土地中並與生命網絡彼此交織的自我感。生態心理治療認

定生態自我（ecological self）與生態無意識（ecological unconscious）的存在，並正在發展一種語言以描述它們與自我中其他部分間的關係。

體現

生態心理治療認定我們是被體現的（embodied）[1] 生命體，是人形的動物。我們所形成的自我，不只來自我們從感官世界所得到的經驗，同時也來自感受與直覺。生態心理治療認定所有這些作為人類的生物面向，都需要跟著人類心靈的智性生命一起培養，並建立關係。

人類的故事與地球的故事

生態心理治療認定我們人類的故事始終都和我們地球的故事息息相關。有許多不同的方式可以把我們和地球的關係呈現在治療過程中：人生中與動物、植物、元素物質、地域的關係；在戶外發生的高峰經驗（peak experiences）；覺得是「家」的地方；有關人類以外世界的恐懼或創傷（諸如關於地震、畏懼反應、所愛伙伴的死亡、因為戰爭或天災被迫離開家園等經驗）；母親／父親與人類

---

[1] 譯註：指生物體綜合了身體各方面感覺、與環境的互動、心智活動以統合塑造其感知。

外世界的關係；祖先與土地的關係；世代間可能傳遞的恐懼與愛；與動物性自我的關係：直覺／感覺；這些關係如何浮現在夢中。

工業成長文化的創傷

生態心理治療認為我們所居住的主流文化正在摧毀生命網絡。這衝擊到我們的健康——包括我們的心理健康。人類建立了一種階級結構，把白人、西方男性、中產階級價值放在最頂端。這種世界觀衝擊並形塑了我們的心理經驗，創造出一種文化，讓人類自視為與其他生命分離，並優於其他生命。這種價值觀階序已然被我們內化，以致我們發現和自己內在身為人形動物的部分產生衝突。

我們被從大自然的其他存在切割出來的經驗，以及從我們自身的動物天性，把我們切離了生命的源頭——那是種充滿養分與和諧一體的生命經驗。這造成了數個世代的孤獨和隔絕，從中誕生了消費文化的巨大饑渴感。這催生出一大堆心理問題，這些問題必須從其與文化的關係來看待，而非只從個體或私人面向思考。

與更大整體相關的創傷及療癒

生態心理治療認定人類的創傷不只源自人類的關係，

也來自環繞在我們週遭生態性與世代間複雜的關係與層次。療癒個體不只關乎其人類家庭，也跟更寬廣的社會與生態家庭有關。因此，生態自我便伴隨著多元文化自我（multicultural self）而生。

生態心理治療是一種整體而多樣的實踐

生態心理治療認識到多樣性是生命的必然。它可以用很多不同的方式來實踐，可以揮灑在許多不同概念的畫面上。這項療程通常是在戶外進行，把我們和人類外世界的關係帶進這節時段中；這可以抵銷我們極度以室內為主的生活型態。然而，生態心理治療也可以在室內操作。可以結合對許多層次的覺知：覺知我們與更寬廣環境間的關係，超越我們人類家庭，溯自我們最早的經驗；我們祖先與土地的關係；我們與我們所形塑的自我關係：直覺、感覺、感官世界以及這些感覺是如何被文化所汙染。

生態心理治療的陰影

生態心理治療是一種從白人文化的破敗中出現的白人中產階級運動。在尋求與地球相關連的療癒實作方式時，許多生態治療師亦援引自各種以地球為根基的文化中的宇

宙觀和療法。我們必須覺察到，而且要避免，在我們的思考方式和所提供的體驗方式中出現文化挪用（cultural appropriation）。我們也必須注意到身為白人的特權如何影響我們對關係的內省工作。否則，生態心理學就有成為另一個特權主導運動的風險，忽略了該社群本身中多樣性的重要度，從而增加多樣性不高的社群面對環境變化的脆弱度。

生態心理治療培訓

為了讓生態心理治療的歷程可以在治療中被開展與探索，治療師們必須熟悉他們自己與地球的關係歷程。這包括：知道你自己的地球故事；以一種與自然建立關係的方式規律地安排戶外活動時間；了解地球正在發生什麼事並探詢自己內在發生的反應；熟悉自己對地球社群的文化態度。理想情況下，生態心理治療應該是任何培訓中整合完善的一部分。儘管現況並非如此，有志者可以先參加具備心理相關執照者的進階培訓（post-qualification trainings）（參見 www.ecopsychology.org.uk/training 瞭解更多資訊）。

7

社區中的生態心理治療

要忍受強烈的不確定性是很有挑戰性的，但這是一種超越
希望與絕望的磨練，因為不確定性具有將我們帶回當下的
潛力，幫助我們調整自己適應相對一方的能量場。這是我
們的力量所在。正如同艾略特（T. S. Eliot）所寫的：「我對
我的靈魂說，別動，耐心等待，但不要懷抱希望，因為希
望會變成錯誤的期待。」

　　談到現在，本書都聚焦在為什麼必須把我們和地球，以及我們和人類以外的世界的關係整合成心理治療的一環。接下來這一章中，我將探討在我們跌跌撞撞著要創造出一種生態文明的過程中，如何得以將心理治療的洞見與實作，運用來幫助人類整體。這是一個極度充滿挑戰的時代，我們的生活方式和我們所有的決策過程，不論是針對家庭生活或工作，都需要重新進行檢視。在每個領域中，我們必須將生命網絡的需要放在首要考量，而非放任人類的需求凌駕於其他與我們共享家園的眾生的需求之上。然而這條路上每個轉折，我們都會遇到阻礙的力量。身為治療師，我們知道要進行改變的阻抗可能有多大——我們每天都對此有心理準備。

　　其中之一的關鍵問題是：要如何啟發人們展開行動。是得呈現出有關人類破壞地球更怵目驚心的事實，或是要提供一個只要我們採取某些行動，就能帶來的光明未來？另一方面，我們要怎樣才能和那些否認氣候變遷現實的人們溝通？積極傾聽那些站在對立面的人士是項重要的技巧。還有種急切的需求，就是要考量我們採取行動時的情緒歷程，同時又得顧慮到我們和人類外世界的深層關係。如果不這樣做，我們很可能又複製了當初把我們帶到今日下場的相同心理動力。引用一句老生常譚：「我們自己必須成為我們想看到的改變。」如同其他人已提議的，我們

需要一種文化心理治療（cultural psychotherapy）（McIntosh, 2008, pp. 210–244; Robertson, 2016）。

　　身處每況愈下的地球危機中，我們每個人都具有許多困惑與兩難，以下我對此提出一些反思，並列出一些以社群為基礎的反應。

對生態危機的心理反應

　　每當有令人震驚的新聞報導印證了對於日益惡化生態亂象的科學研究與預測時，生態焦慮（Eco-anxiety）就會明顯升高。當洪水、大火與乾旱越來越劇烈，且變得越難預測，全球各地的人類正在和內在情緒拉扯著。這些處於氣候變遷第一線的行動和研究需要小心這類工作帶來的情緒負擔，注意它會如何影響或感染工作團隊的心理動力。舉例來說，科學家們就曾分享心得，他們越來越清楚這些事情會是多麼的痛苦與震驚。正如我在第四章寫到的，生態焦慮不是一種病理現象，而是對一種極端令人擔憂的處境的正常反應。就此而言，除非這種焦慮造成生活上的障礙，不然並不需要尋求治療。相對的，我們需要在社群中有個空間，讓人們可以聚集以表達及處理他們的感受，並且鼓勵他們展開行動。深層生態學家喬安娜・梅西在 1980 年代發展出「重新連結的工作」（The Work That

Reconnects，見本書第 102 頁）這套實作，就是希望達到這
個目標。目前在不同的國家中有許多引導師們的網路提供
這整套充滿創意的實作，激勵人們從絕望中得到賦能，以
便起身代表生命永續的社會，採取行動。在過去幾年中，
克里斯‧瓊斯頓（Chris Johnstone）[1] 等人將梅西的工作融
合發展成「積極希望」（Active Hope）團體方案（Macy &
Johnstone, 2012）。這項「積極希望」的操作法將「提供希
望」作為一個過程，而非一個狀態，讓希望和失望不會兩
極化。晚近的反抗滅絕（Extinction Rebellion）行動，現在
成為一種全球漸盛的運動，也基於類似的動機而提供舒緩
悲傷與生態焦慮的工作坊。如果我們疏於照顧自身的情緒
反應，很可能飽受精疲力竭之苦。照護自我必須被視為照
護地球的一環，反之亦然。

　　法蘭西斯‧威勒（Francis Weller）[2] 在他的著書《苦痛的
野蠻邊緣》（*The Wild Edge of Sorrow*）（2015）中，描述西
方式的失憶與麻醉模式，如何影響我們因應個人與集體失
落的能力。他認為悲傷總是需要互相分享，因為我們需要
群體的同情，以及儀式的涵容，才能完全消化悲傷，而不
是自覺羞愧地掩藏悲傷掩藏。

　　滅絕祭壇（Altars of Extinction）創建於 2002 年，是

---

[1] 編註：克里斯‧瓊斯頓（Chris Johnstone），恢復力專家、訓練師與作家。
[2] 編註：法蘭西斯‧威勒（Francis Weller），美國知名心理治療師與作家。

諸多訴求生態悲傷的藝術展覽之一。策展人心理學教授瑪麗·戈梅斯（Mary Gomes）[3] 寫道：「滅絕祭壇（Altars of Extinction）是一個具藝術性與儀式性的紀念展，提供機會讓大家集體沉思與哀悼在人類手上滅絕的植物、動物與蕈菌物種們。當展覽一處處易地舉行時，展出的代表物種也隨之改變，以納入展區在地的種類。」（2009）

　　梅琳達·普列斯曼（Melinda Plesman）在 2019 年 12 月的澳洲大火中，失去了她在新南威爾斯（New South Wales）的家，她最近進行了一項行動，一針見血地感動許多人的心靈。她上傳一段影片描述她養大孩子們的家園，以及她對這片土地、森林與鳥兒們的愛。但現在這一切都灰飛煙滅了。她蒐集了一些燒焦的殘垣，並將之帶到坎培拉（Canberra）排放在國會大廈前面。這是給首相莫里森（Morrison）和其政府的一道訊息，政府中有許多人否認氣候變遷的事實。這是將個人巨大的失落轉化成為集體行動的一種強有力的方式。（Cole, 2019）

　　有些人可能正在害怕生態焦慮日益升高，而我們則或許可以換個角度視此為大眾的思維變得越來越清醒。整體人類不再無感，不繼續在生態危機中夢遊。相反的，我們正越來越**感受到**世界正在發生的事有多瘋狂，而這需要我

---

[3] 編註：瑪麗·戈梅斯（Mary Gomes），美國心理學家。

們進一步採取行動。心理健康的定義必須包括對人類外世
界的同理心。

氣候變遷與兒童

許多人詢問我們是如何跟孩子們談論日漸嚴重的氣候
危機的。畢竟那是他們未來，而這未來吉凶未卜。氣候環
保運動者格蕾塔・童貝里（Greta Thunberg）[4] 已極為成功地
激勵全球青年投入常態性氣候抗爭的運動，要求大人們採
取更多行動，並讓更多年輕人有能力為此議題發聲。她細
心地指出其他許多年輕的環境運動者已曾提出環境危機多
年，例如一些來自原住民社會和有色人種的青年，他們的
生活已經因氣候變遷而受到衝擊；令人難過的是，他們的
聲音並未被當權者所傾聽。

心理治療師卡洛琳・希克曼（Caroline Hickman）[5] 已經
在進行研究，想要找出讓孩子們感受到氣候變遷的方式，
因為它對這個年齡層造成的衝擊已經讓人不得不思考因應
對策，在一些較貧困的國家中尤然。在她所訪談過的孩童
中，她發現他們知道正在發生的事，而且不希望這個問題

---

[4] 編註：格蕾塔・童貝里（Greta Thunberg），在 2018 年她僅十五歲時就投身環保抗議活動，
2019 年在紐約所進行的聯合國氣候會議上發言，因此成為全球環保運動的風雲人物。

[5] 編註：卡洛琳・希克曼（Caroline Hickman），英國學者，主要研究兒童以及他們對於氣候
變遷的感受。

隨便被說些「放心，一切都會沒事的」之類的萬用雞湯敷衍掉。（Hickman, 2019, p. 42）她以及其他人士提供了兒童和父母親可以參加的工作坊，讓他們能夠表達對於當前狀況的感受，而且進行更有深度的討論。

在這個時代，許多人選擇不要有小孩。有些人不想參與人口數的上升，又或者不要製造更多碳排；另外有些人不想把小孩帶到這個未來充滿無常而嚴酷的世界。有些女性聲稱，除非氣候變遷得到解決，她們便會持續進行「生育罷工」（birth strike）。心理治療師艾瑪·帕瑪（Emma Palmer）在她的書《為母之外》（*Other Than Mother*）探討了這幾項關於人生重大決定的議題。

兒童發展深受我們與地球間關係的變化所影響。許多讀者想必已經親身體會到這個世代比上個世代已經減少許多享受戶外時光的機會。如果孩子成長的過程中，與人類以外的世界沒有任何有意義的關係，會變得如何呢？當光害汙染造成我們再也無法一窺宇宙星空，會如何呢？或者當科技取代樹木成為我們的玩伴，將會如何呢？又或者當公園成為幫派的地盤，不再是可以安全玩耍的地方又會如何呢？理查·洛夫（Richard Louv）（2005）稱此為「自然天性缺陷障礙」（Nature-Deficit Disorder），而我們只能推測這會如何影響下一個世代。

在西方文化中，大部分的兒童早年都經歷過室內與戶

外被明確地分割為二：當孩子被送到學校後，就被教導「真正」的功課在教室中進行，而戶外則用來「玩樂」。「環境」變成一種讓人從專注在書桌上的學習分心的誘惑。此外還有其他許多不同形式的分裂。孩子們的床鋪高高堆滿填充布偶動物，兒童故事裡充滿會講話的生物，寵物成為家庭的一份子，而且被認為就像人類一樣會體驗到苦樂、失落等感受。但年紀稍長之後，我們又被告知這些只是妄想；尤有甚者，孩子們被教會不用介意對於食用或養在籠子裡進行醫學試驗的動物們的殘酷行為。這樣的解離心態，我們在很早的年紀就已學到。

關於我們的文化是如何從生命的一開始，就影響著我們和地球的連結，我只是列出眾多例子中的一部分。森林學校（forest schools）是眾多發展中的倡議之一，幫助兒童們從早年便開始和人類以外的世界建立有意義的關係。（Birkeland & Aasen, 2012）

彌合行動與反思間的分裂

在西方文化裡諸多不同的分裂現象中，正如所料，我們可見到實用層次從心理和關係層次中斷裂開來。舉例而言，許多環保團體會認為探究內在世界的過程有如一種從實際有效的行動中分散注意力的做法，尤有甚

者，甚至視之為一種自我放縱與蓄意操控。例如在阿恩斯坦（Arnstein）[6]的公民參與階梯（A Ladder of Citizen Participation）（1969）中，「治療」（therapy）被視為公民參與倒數第二階方式——只比墊底的「操縱式參與」（manipulation）好一點。這份排行表至今仍被用在指導民間團體的參與方式。這種在行動與反思間的分裂，源自於關於對抗自然的文化敘事；而在這種情況下，關鍵在於對抗我們自己的自然天性，彷彿探索感受，就會把我們引向歧路，而不是解放出為世界行動的能量。

　　晚近的某些社會運動已經開始透過關注環境行動中的心理歷程來療復這道裂隙。2006 年源起於英國德文郡（Devon,UK）進而成功地擴及世界各地的「轉型運動」（Transition movement），提供了一套讓人們可以在地發起親自參與產油頂峰（peak oil）與氣候變遷議題的方法。「心與靈」（Heart and Soul）團體亦在此運動中現身，該團體是在 2012 年由希拉蕊‧普倫提斯和索菲‧班克斯（Sophy Banks）[7]所發起，他們後來發展出「內在轉變方案」（Inner Transition）。這些團體針對想轉變成能在地球上永續生活的人類的心理、靈性和意識層面進行工作。這項針對社會與

---

[6] 編註：雪莉‧阿恩斯特（Sherry Arnstein），知名美國作家，曾發表過許多公民參與運動的論文。

[7] 編註：索菲‧班克斯（Sophy Banks），英國引導師、訓練師與諮詢師。

環境變遷的草根性社區運動已然將外在與內在的變化結合在同一個運動中，探討著一個健康的文化應該呈現什麼樣貌。

2006 年，心理治療師羅絲瑪麗・蘭道爾（Rosemary Randall）和工程師安迪・布朗（Andy Brown）在英國劍橋（Cambridge, UK）展開一項心理社會方案「碳對話」（Carbon Conversations）。此方案考量在各種複雜情緒與社會壓力讓永續生活如此困難的情形下，減碳行動有哪些可行方案。

沉浸於荒野與社會變化

「自然改變方案」（Natural Change Project）是一套為期六個月的有趣課程，綜合了個人層次與社會層次的改變，也整合了心理治療的知識、野外體驗，以及投身在野外與團體模式中所激發的改變。一開始這是由戴夫・基和瑪格麗特・克爾（Margaret Kerr）[8]引導，並由蘇格蘭的世界野生動物基金會（World Wildlife Fund, WWF）所贊助。他們從蘇格蘭的健康、教育、民間、青年、藝術等各種團體，以及非政府組織部門中，選出一些社群領導人物。沒有一位

---

[8] 編註：瑪格麗特・克爾（Margaret Kerr），英國心理治療師。

參與者在參加此方案之前曾投入永續運動領域。一位女士
在剛開始參加時說道：「我以為所謂自然，就是走出百貨
公司而還沒進到計程車門間的空檔。」（MacDonald, 2009）
這套方案在個人、組織以及社會層次都帶動某種程度的影
響。它創造了一個高階領導人的團體，這些人繼而為野生
動物基金會在蘇格蘭以及其他更多地方的工作發聲。最後
這個方案影響了政府的教育政策，並使得蘇格蘭被聯合國
教科文組織（UNESCO）認定為「學習永續生活」（Learning
for Sustainability）的世界領導角色。（Kerr & Key, 2012b）
這個方案提出了一些有趣的問題，讓我們思考什麼會啟發
人們改變他們對地球的態度和與地球的關係。

想像力的力量

　　運用故事和想像力在羅伯．霍普金斯（Rob Hopkins）[9]
所創立的「轉型運動」（Transition movement）中向來
是核心精神。他強烈地感覺到要激勵人們採取行動不能
只靠震撼驚人的事實。相形之下，轉型運動藉由引領人
們想像一個會改善我們生活的綠色未來，這是根據樸門

---

[9] 編註：羅伯．霍普金斯（Rob Hopkins），英國環境問題運動家與作家。

（permaculture）[10] 的理念而來。與此同盟的還有文化再生運動（regenerative culture, Wahl, 2016）和再野化運動（rewilding, Tree, 2018）。這些運動顯示出土地和社群如果得到正確的支持，可以恢復得多麼迅速。這些運動並且平反了大家綠色生活就等於刻苦窮困的刻板印象。這類運動的基礎在於尋找一個關於與自然共生的新故事，打破過去對抗自然的舊典範。

關於「正向」的議題

無疑地，正向的視野和另類觀點的未來故事可以激發改變。事實上，我們急切渴望聽到許多正面的改變實例，希望能平衡媒體對腥羶新聞成癮的報導，以期讓人們覺得身處在一個全世界共同進行改變的社群中。（Hawken, 2007）許多人當然會義正詞嚴地說，光靠正向思考本身是不夠的。我們必須瞭解抵抗改變的阻力有多大，例如對氣候變遷的否認態度，化石燃料業者為了混淆視聽而刻意餵給大眾錯誤訊息所帶來的危險，以及針對環運人士和揭發企業貪腐的吹哨者們的性命威脅。（Hamilton, 2010）「反抗滅絕運動」（Extinction Rebellion, 縮寫 XR）以及青年氣候

---

[10] 編註：樸門（permaculture）是一種結合了多領域科學的永續生態設計系統，是在 1974 年由澳洲科學家比爾・墨利森（Bill Mollison）和大衛・洪葛蘭（David Holmgren）所創立。

罷課行動（youth climate strikes）也是逐漸萌興中的草根抗爭運動，他們加入諸了如「原住民復興運動」（Indigenous Rising）等發展幾十年的其他許多運動的行列裡，對於日常的汙染亂象用力說不。在反抗菸草運動中也有許多類似情況，菸草業界也散播大量不實訊息，然則和我們現在所面對的全球危機其規模卻不可相提並論。

　　樂觀正向和悲觀沮喪有一種變得兩極化的傾向，但兩者都是過程中必要的部分。當悲傷與絕望獲得積極的傾聽，它們通常就會回歸原有的和諧，如同我們內心情緒之海的浪潮，會展現出重生與復原。許多的恐懼被卡在這些黑暗之處，可能正是這些恐懼讓我們想要鼓勵那些被悲傷擊倒的朋友，或者提供一些去正向思考的理由。

　　我們也知道，要改變一生的習慣有多困難。我們可能試著要「正向」，但結果還是做著我們也明知對自己、對別人，乃至對地球都不好的事。心理治療探索這些行為背後的無意識願望，例如是否有熟悉成習的模式，對更深層認同感的威脅，做不被允許的事所帶來的快感刺激，對於應急治標上了癮，以及拒絕在別人還不罷休前自己先停手——例如假期搭機來趟異國之旅——的心態。有些人對人類的行為感到非常憤怒，以致相信我們並不配活在這個地球上。這可能導致我們在潛意識中期待末日天譴到來，彷彿來場全球大滅絕，比起努力撐過這對立兩極間的拉扯

要容易一些。許多人振振有詞地主張聚焦在個人改變上，是誤入歧途：主張我們必須做的是政策性的改變。但我們不要忘了，在許多例子中，政策性的改變便是由消費者所主導，這提醒了我們：個人與政治的改變並無法切割。

悲天憫人

許多投身在綠色運動的人士都曾被指控是偽善，一方面支持環保理念，卻同時做著某些破壞生態系統的事。但即使我們非常努力，生活在工業發展文化中，不免仍會造成某種破壞。這可能引發一種惱人的愧疚感，一種個人生活方式和價值觀不一致的感覺。愧疚感可以有兩面效應：它可以促使我們進行更深度探索並採取更進一步的行動以助益萬物，但也可能導致我們陷入毫無建樹的自責。當我們在如此艱困的時代已然盡力，對自己與他人慈悲是很重要的。積極傾聽其他人何以至此，有助於我們發展出慈悲心。許多人掙扎著在這個社會裡隨波逐流；許多人忍受著日漸加劇的創傷、過度負荷與過度刺激，以及承受著根本沒時間研究孰真孰假的資訊轟炸。目前浮現一種文化現象，就連假新聞都越來越精緻。我們得從這些錯亂複雜中做出抉擇。建構社群，運用我們所有的關係團結一致，是整個復原過程的核心，而這勢必要以發展慈悲情懷為基礎。

絕望時代中的希望

　　許多人心中浮現一個問題，面對如此絕望的未來，我們現在要如何找到希望？當危機加速到來，而人們開始面對，也真切地感受到正在發生的事時，實在很容易落入絕望中。許多人質疑要翻轉氣候變遷已然無望，我們所能做的頂多就是適應這種變化，緩和情況不要讓它到最糟的地步，並準備好如何面對未來幾十年社會體制的崩壞。這是永續生活顧問傑姆・班德爾（Jem Bendell）[11] 的結論。他最近的論文〈深層調適〉（Deep Adaptation, 2018）已被廣傳。他的讀者們立刻表示他真是勇於說出當代處境的真相，但同時也有許多人指責他是在散播悲觀論點。

　　要「忍受強烈的不確定性」是很有挑戰性的，但這是一種超越希望與絕望的磨練，因為不確定性具有將我們帶回當下的潛力，幫助我們調整自己適應相對一方的能量場。這是我們的力量所在。正如同艾略特（T. S. Eliot）[12] 所寫的：「我對我的靈魂說，別動，耐心等待，但不要懷抱希望，因為希望會變成錯誤的期待。」（1940, p. 28）

　　「在納瓦荷（Navajo）[13] 體系中，最嚴重的『病』〔用最

---

[11] 編註：傑姆・班德爾（Jem Bendell），英國社會變遷策略家與教育家。
[12] 編註：T.S. 艾略特（T. S. Eliot），美國與英國詩人、劇作家與評論家。
[13] 編註：納瓦荷（Navajo），一支居住於美國西南部的原住民族。

廣義的角度來說〕乃是源於某種宇宙中自然平衡的擾亂。」
（Bernstein, 2005, p. 127）以這個原則來看待我們集體的病
態，就可以理解我們的環境危機和氣候變遷，就像是西方
文化斲傷大自然的一道傷口。我們現在的任務，就是要恢
復我們在集體層次的平衡：這表示我們得同時關注個人以
及集體層次上的行動。這是我寄託希望之所在：不論未來
結果是如何，也許我們在地球上重獲新生，也或許和我們
許多的相關物種在本世紀結束前滅絕，我們仍盡可能致力
於邁向重建平衡。無論如何，修復我們和其他生命之間的
關係，永遠是值得關切的事。

　　我發現這對面對當前處境很有幫助。我很相信地球有
足夠的力量可以幫她自己以某種方式重新平衡，只是未必
把人類包含在她的復元中。我們的任務是好好關心當下。
在這些數不清的實務工作背後，還有更多任務待辦：這是
個混亂的複雜使命，不僅要應付毀滅性的消失，同時得設
法創造出一種新的方式在這個世界生存。在這閾限空間
中，介於新舊之間，湧動著劇烈的騷亂，而我們所熟悉的
涵納體系卻正在崩壞。人們焦慮、沮喪，處於一種猶如我
們的文化正在蛻皮的巨大痛楚中。我們需要一種文化心理
治療（cultural psychotherapy）的新型態，幫我們渡過這個
所有過渡儀式的原型。

　　我也無法否認我期盼著些什麼。我最大的願望，就

是希望我們不要渾渾噩噩地走進這些水深火熱之中。希望
盡可能多些人清醒過來處理當前的危機。希望我們可以攜
手合作，在我們正經歷著的艱難旅途上互相扶持。希望我
們在局勢惡化時能夠對彼此溫柔。希望我們可以一次又一
次地回到當下，對地球感恩，一次又一次地，對我們所得
到的一切感恩。這樣一來，或許，也只是或許，在我們當
前對世界的理解之外，還有機會找到突破的方式。對我而
言，不只是抱持希望，而是堅守信念，為奇蹟留住一扇敞
開的門。

【附錄一】

參考書目

Abram, D. (1997). *The Spell of the Sensuous: Perception and Lan guage in a More-than-human World.* New York: Vintage. Albrecht, G. (2007). Solastalgia: the distress caused by environmen tal change. *Australasian Psychiatry*, 15: 95–98.

Anthony, C. (1995). Ecopsychology and the deconstruction of whiteness. In: T. Roszak, A. Kanner, & M. Gomes (Eds.), *Ecopsychology: Restoring the Earth, Healing the Mind* (pp. 263–278). San Francisco, CA: Sierra Club.

Armstrong, J. (1995). The keepers of the Earth. In: T. Roszak, A. Kanner, & M. Gomes (Eds.), *Ecopsychology: Restoring the Earth, Healing the Mind* (pp. 316–324). San Francisco, CA: Sierra Club.

Arnstein, S. R. (1969). A ladder of citizen participation. *Journal of the American Planning Association*, 35(4): 216–224.

Banks, S. (2012). The Transition movement: inner and outer. An Interview by Ian McNay. https://youtube.com/watch?v=NJb WfoE4Qoo (last accessed 31 December 2019).

Baring, A., & Cashford, J. (1991). *The Myth of the Goddess: Evolu tion of an Image.* London: Penguin.

Bates, B. (1983). *The Way of Wyrd.* London: Hay House. Bateson, G. (1972). *Steps to an Ecology of Mind.* Chicago, IL: Univer sity of Chicago Press.

Bendall, J. (2018). Deep adaptation: A map for navigating climate tragedy. Occasional Paper 2. Institute of Leadership and Sus tainability (IFLAS), University of Cumbria. www.iflas.info.

Berger, R. (2006). Beyond words: Nature therapy in action. *Journal of Critical Psychology, Counseling and Psychotherapy*, 6(4): 195–199.

Bernstein, J. (2005). *Living in the Borderland: The Evolution of Consciousness and the Challenge of Healing Trauma.* Hove, UK:

Routledge.

Berry, T. (1978). The new story: Comments on the origin, identifi cation and transmission of values. *Teilhard Studies*, 1 (Winter): 77–88.

Berry, T. (2006). *Evening Thoughts: Reflecting on Earth as Sacred Community*. San Francisco, CA: Sierra Club.

Birkeland, I., & Aasen, A. (2012). Ecopsychology and education: place literacy in early childhood education. In: M. J. Rust & N. Totton (Eds.), *Vital Signs: Psychological Responses to Ecological Crisis* (pp. 105–118). London: Karnac.

Blackie, S. (2016). *If Women Rose Rooted*. London: September. Bodnar, S. (2008). Wasted and bombed: clinical enactments of a changing relationship to the Earth. *Psychoanalytic Dialogues*, 18(4): 484–512.

Brazier, C. (2018). *Ecotherapy in Practice: A Buddhist Model*. New York: Routledge.

Breytenbach, A. (2012). The Animal Communicator. Documentary film, Natural History Unit (NHU), Africa.

Buhner, S. H. (2004). *The Secret Teachings of Plants*. Rochester, VT: Bear.

Buzzell, L., & Edwards, S. (2009). The waking up syndrome. In: L. Buzzell & C. Chalquist, *Ecotherapy: Healing with Nature in Mind* (pp. 123–130). San Francisco, CA: Sierra Club.

Carson, R. (1962). *Silent Spring*. Boston, MA: Houghton Mifflin. Chalquist, C. (2007). *Terrapsychology: Re-engaging the Soul of Place*. New Orleans, LA: Spring Journal.

Cole, B. (2019). Woman sets charred remains of her house de stroyed by fire in front of Australian parliament. *Newsweek*. 2 December. https://newsweek.com/australia-bush-fires-scott morrison-climate-change-melinda-plesman-1475016 (last accessed 15 December 2019).

Cooper Marcus, C., & Barnes, M. (1998). *Healing Gardens; Thera peutic Benefits and Design Recommendations*. Hoboken, NJ: John Wiley and Sons.

Coren, S., & Walker, J. (1997). *What Do Dogs Know?* New York: Simon & Schuster.

Deloria, V. (2009). C. G. *Jung and the Sioux Traditions: Dreams, Vi sions, Nature and the Primitive*. New Orleans, LA: Spring Journal. Detweiler, M., Sharma, T., Detweiler, J., Murphy, P., Lane, S., Car men, J., Chudhary, A., Halling, M., & Kim, K. (2012). What is the evidence to support the use of therapeutic gardens for the elderly? *Psychiatry Investigation*, 9(2): 100–110.

Dodds, J. (2011). *Psychoanalysis and Ecology at the Edge of Chaos*. London: Routledge.

Doherty, T. (2016). Theoretical and empirical foundations for eco therapy. In: M. Jordan & J. Hinds (Eds.), *Ecotherapy: Research, Theory and Practice*. London: Palgrave.

Dunann Winter, D. (1996). *Ecological Psychology: Healing the Split between Planet and Self*. New York: Harper Collins.

Eisenstein, C. (2018). *Climate: A New Story*. Berkeley, CA: North Atlantic.

Eliot, T. S. (1940). Four Quartets, East Coker, Part 3. London: Faber & Faber.

Eyers, P. (2016). *Ancient Spirit Rising: Reclaiming Your Roots & Restoring Earth Community*. Otonabee, Ontario, Canada: Stone Circle Press.

Fisher, A. (2013). Ecopsychology at the crossroads: contesting the nature of a field. *Ecopsychology*, 5(3): 167–176.

Foster, S., & Little, M. (1989). *The Book of the Vision Quest: Personal Transformation in the Wilderness*. New York: Touchstone. Fox, W. (1990). *Towards a Transpersonal Ecology: Developing New Foundations for Environmentalism*. Boston, MA: Shambhala. Freud, S. (1930). *Civilisation and Its Discontents*. J. Strachey (Trans.). New York: W. W. Norton, 1961.

Fromm, E. (1973). *The Anatomy of Destructiveness*. New York: Holt, Rinehart & Winston.

Glendinning, C. (1994). *My Name is Chellis and I'm in Recovery from Western Civilisation*. Boston, MA: Shambhala.

Glendinning, C. (1995). Technology, trauma and the wild. In: T. Roszak, A. Kanner, & M. Gomes (Eds.), *Ecopsychology: Restoring the Earth, Healing the Mind* (pp. 41–54). San Francisco, CA: Sierra Club.

Gomes, M. (2009). Altars of extinction. In: L. Buzzell & C. Chalquist, *Ecotherapy: Healing with Nature in Mind* (pp. 246–250). San Francisco, CA: Sierra Club.

Greenway, R. (1995). The wilderness effect and ecopsychology. In: T. Roszak, A. Kanner, & M. Gomes (Eds.), *Ecopsychology: Restoring the Earth, Healing the Mind* (pp. 122–135). San Francisco, CA: Sierra Club.

Greenway, R. (2009). Robert Greenway: the Ecopsychology interview. *Ecopsychology*, 1(1): 47–52.

Griffin, S. (1979). *Woman and Nature: The Roaring Inside Her.* New York: Harper & Row.

Hall, K. (2012a). Remembering the forgotten tongue. In: M.-J. Rust & N. Totton (Eds.), *Vital Signs: Psychological Responses to Ecological Crisis* (pp. 79–88). London: Karnac.

Hall, K. (2012b). Equine Assisted Process. www.kelvinhall.info/ equine-assisted-process/4566953445 (last accessed 31 December 2019).

Hamilton, C. (2010). *Requiem for a Species.* New York: Earthscan. Hawken, P. (2007). *Blessed Unrest: How the Largest Movement in the World Came into Being, and Why No One Saw It Coming.* New York: Penguin.

Hickman, C. (2019). Children and climate change: exploring children's feelings about climate change using free association narrative interview methodology. In: P. Hoggett (Ed.), *Climate Psychology: On Indifference to Disaster.* Cham, Switzerland: Palgrave Macmillan.

Hopkins, R. (2008). *The Transition Handbook: From Oil Dependency to Local Resilience.* Dartington, UK: Green Books.

Isaacson, R. (2009). *The Horse Boy: A Father's Miraculous Journey to Heal His Son.* London: Viking.

Jordan, M. (2005). The Vision Quest: A Transpersonal Process. Paper presented to the British Psychological Society, Transpersonal Psychology Section, 17th Conference.

Jordan, M. (2009). Nature and self: an ambivalent attachment. *Ecopsychology,* 1(1): 26–31.

Jordan, M. (2014). *Nature and Therapy: Understanding Psychotherapy and Counselling in Outdoor Spaces.* London: Routledge. Jung, C. G. (1955). *Synchronicity: An Acausal Connecting Principle.* CW8. London: Routledge.

Jung, C. G. (1961). *Memories, Dreams, Reflections.* New York: Random House.

Jung, C. G. (1977). *The Symbolic Life: Miscellaneous Writings.* CW18. London: Routledge.

Kamalamani (2016). *Other than Mother – Choosing Childlessness with Life in Mind: A Private Decision with Global Consequences.* Alresford, UK: Earth Books.

Kerr, M., & Key, D. (2012a). The ecology of the unconscious. In: M.-J. Rust & N. Totton (Eds.), *Vital Signs: Psychological Responses to Ecological*

Crisis (pp. 63–78). London: Karnac.

Kerr, M., & Key, D. (2012b). The Natural Change Project. In: M.-J. Rust & N. Totton (Eds.), *Vital Signs: Psychological Responses to Ecological Crisis* (pp. 239–252). London: Karnac.

Key, D. (2003). The Ecology of Adventure. Master of science thesis, Edinburgh: The Centre for Human Ecology. https://ecoself.net/ resources/ (last accessed 31 December 2019).

Kidner, D. (2001). *Nature and Psyche: Radical Environmentalism and the Politics of Subjectivity*. Albany, NY: State University of New York Press.

LaChance, A. (1991). *Greenspirit: Twelve Steps in Ecological Spirit uality. Shaftesbury*, UK: Element.

LaChapelle, D. (1992). *Sacred Land, Sacred Sex; Rapture of the Deep: Concerning Deep Ecology and Celebrating Life*. Skyland, NC: Kivakí.

Leopold, A. (1949). The land ethic. In: *A Sand County Almanac*. New York: Oxford University Press.

Lertzman, R. (2015). *Environmental Melancholia*. New York: Rou tledge.

Linden, S., & Grut, J. (2002). *The Healing Fields*. London: Frances Lincoln.

Louv, R. (2005). *Last Child in the Woods: Saving our Children from Nature-Deficit Disorder*. Chapel Hill, NC: Algonquin.

Mabey, R. (2007). *Naturecure*. Charlottesville, VA· University of Virginia Press.

Mabey, R. (2012). Interview, *All in the Mind*. BBC Sounds. www.bbc. co.uk/ programmes/b01k1nl3 (last accessed 15 September 2019). Macdonald, L.M. (2009). Changes and Gifts: taking stock. Blog arti cle from the WWF Natural Change Project, posted 3 February, 2009. Currently archived offline. Edinburgh, UK: Natural Change Foundation.

Macfarlane, R. (2015). *Landmarks*. London: Hamish Hamilton. Macy, J. (1990). The greening of the self. In: A. Badiner (Ed.), *Dharma Gaia: A Harvest of Essays in Buddhism and Ecology*. Berkeley, CA: Parallax.

Macy, J., & Johnstone, C. (2012). *Active Hope: How to Face the Mess We're in Without Going Crazy*. Novato, CA: New World Library. Macy, J., & Young Brown, M. (1998). *Coming Back to Life: Practices to Reconnect Our Lives, Our World*. Gabriola Island, BC, Cana da: New Society.

Main, R. (2007). *Revelations of Chance: Synchronicity as Spiritual Experience*. Albany, NY: State University of New York Press. Maiteny, P. (2012). Longing to be human: evolving ourselves in healing the earth.

In: M. J. Rust & N. Totton (Eds.), *Vital Signs: Psychological Responses to Ecological Crisis* (pp. 47–62). London: Karnac.

McIntosh, A. (2008). *Hell and High Water: Climate Change, Hope and the Human Condition.* Edinburgh, UK: Birlin.

Merchant, C. (1983). *The Death of Nature: Women, Ecology and the Scientific Revolution.* New York: Harper & Row.

MIND (2007). Report on Ecotherapy – the Green Agenda for Mental Health. www.mind.org.uk/media/273470/ecotherapy. pdf (last accessed 31 December 2019).

Naess, A. (1973). The shallow and the deep, long-range ecology movement: a summary. *Inquiry,* 16: 95–100.

Naess, A. (1988). Self-realisation: an ecological approach to being in the world. In: J. Seed, J. Macy, P. Fleming, & A. Naess (Eds.), *Thinking Like a Mountain: Towards a Council of All Beings.* Gabriola Island, BC, Canada: New Society.

Norberg-Hodge, H. (1992). *Ancient Futures: Learning from Ladakh.* San Francisco, CA: Sierra Club.

Peters, R. (1987). The eagle and the serpent: the minding of matter. *Journal of Analytical Psychology,* 32: 359–381.

Pinnock, D., & Douglas-Hamilton, D. (1997). *Gangs, Rituals and Rites of Passage.* Cape Town: African Sun.

Plotkin, B. (2003). *Soulcraft: Crossing into the Mysteries of Psyche and Nature.* Novato, CA: New World Library.

Plumwood, V. (1992). *Feminism and the Mastery of Nature.* London: Routledge.

Power, L. (2012). For kin and country. *Sydney Morning Herald,* 14 July.

Prechtel, M. (2009). *Secrets of the Talking Jaguar.* New York: Tarcher Putnam.

Prentice, H. (2001). The Sustainable Psyche – A Psychotherapist Introduces Ecopsychology. Keynote speech for Community Psychology, Race and Culture Special Interest Group Joint Annual Conference. http:// hilaryprenticepsychotherapy.net/ ecopsychology.htm (last accessed 31 December 2019).

Prentice, H. (2003). The cosmic spiral. *Psychotherapy and Politics International,* 1(1): 32–46.

Prentice, H. (2012). "Heart and soul": inner and outer within the Transition

Movement. In: M. J. Rust & N. Totton (Eds.), *Vital Signs: Psychological Responses to Ecological Crisis* (pp. 175–190). London: Karnac.

Randall, R. (2009). Loss and climate change: the cost of parallel narratives. *Ecopsychology*, 1(3): 118–129.

Robertson, C. (2016). Cultural Repair. https://culture-crisis.net/ blog-cultural-repair.html (last accessed 31 December 2019). Romanyshyn, R. (2011). Metabletics: Foundation for a Therapy of Culture. http:// robertromanyshyn.jigsy.com/articles (last accessed 31 December 2019).

Roszak, T. (1992). *The Voice of the Earth*. New York: Simon & Schuster. Roszak, T., Kanner, A., & Gomes, M. (Eds.) (1995). *Ecopsychology: Restoring the Earth, Healing the Mind*. San Francisco, CA: Sierra Club.

Rubin, C. (2019). Oliver Sacks: The Healing Power of Gardens. *New York Times*, 18 April. www.nytimes.com/2019/04/18/ opinion/sunday/oliver-sacks-gardens.html (last accessed 31 December 2019).

Rust, M.-J. (2005). Ecolimia nervosa? *Therapy Today*, 16(10): 11–15.

Rust, M.-J. (2008a). Climate on the couch: unconscious processes in relation to our environmental crisis. *Psychotherapy and Poli tics International*, 6(3): 157–170.

Rust, M.-J, (2008b). Nature hunger. *Counselling Psychology Review*, 23: 2.

Rust, M.-J. (2009). Nature as subject: exploring anthropocentrism. *British Holistic Medical Association Journal*, 6(3): 31–35. Rust, M.-J. (2011). Shadow and Transformation. Schumacher College, video lecture. https:// schumachercollege.org.uk/resources/ audio-video-archive (last accessed 31 December 2019). Rust, M.-J. (2014). Eros, animal and Earth. *Self and Society, Interna tional Journal for Humanistic Psychology*, 41(4): 38–43.

Ryde, J. (2010). Dog-walking: not just a walk in the park. Re flections on relationships with dogs and inner landscapes. In: Bennett, P., Montreal 2010. *Facing Multiplicity: Psyche, Nature, Culture. Proceedings of the XVI11th Congress of the International Association of Analytical Psychology* (pp. 477–486). Einsiedeln, Switzerland: Daimon Verlag.

Samuels, A. (1993). *The Political Psyche*. London: Routledge. Searles, H. (1960). *The Non-Human Environment in Normal Devel opment and in Schizophrenia*. New York: International Univer sities Press.

Seed, J. (1988). Beyond anthropocentrism. In: J. Seed, J. Macy, P. Fleming, & A. Naess (Eds.), *Thinking Like a Mountain: Towards a Council of All Beings* (pp. 35–40). Gabriola Island, BC, Cana da: New Society.

Sessions, G. (1995). *Deep Ecology for the 21st Century*. Boston, MA: Shambhala.

Sheldrake, R. (1990). *The Rebirth of Nature: The Greening of Science and God*. London: Rider.

Shepard, P. (1982). *Nature and Madness*. San Francisco, CA: Sierra Club.

Siddons Heginworth, I. (2008). *Environmental Arts Therapy and the Tree of Life*. Exeter, UK: Spirit's Rest.

Singer, T. (2018). Extinction anxiety and Donald Trump: where the spirit of the depths meets the spirit of the times. In: J. Gartner, S. Buser, & L. Cruz (Eds.), *Rocket Man: Nuclear Madness and the Mind of Donald Trump* (pp. 205–213). Asheville, NC: Chiron.

Somé, M. (1995). *Of Water and the Spirit: Ritual, Magic and Initiation in the Life of an African Shaman*. New York: Penguin Arkana.

Tacey, D. (2009). *Edge of the Sacred: Jung, Psyche, Earth*. Einsiedeln, Switzerland: Daimon Verlag.

Tarnas, R. (2007). *Cosmos and Psyche*. New York: Penguin. Totton, N. (2011). *Wild Therapy: Undomesticating Inner and Outer Worlds*. Ross-on-Wye, UK: PCCS Books.

Totton, N. (2016). Let the right one in: talking about climate change in therapy. *The Psychotherapist*, UKCP Magazine, 63: 15–16.

Tree, I. (2018). *Wilding: The Return of Nature to a British Farm*. London: Picador.

Wahl, D. (2016). *Designing Regenerative Cultures*. Axminster, UK: Triarchy Press.

Waldo Emerson, R. (1844). The poet. In: J. Slater, A. R. Ferguson & J. F. Carr (Eds.), *The Collected Works of Ralph Waldo Emerson, Vol. III, Essays*, second series. Cambridge, MA: Harvard Univer sity Press.

Wall Kimmerer, R. (2013). *Braiding Sweetgrass: Indigenous Wisdom, Scientific Knowledge and the Teachings of Plants*. Minneapolis, MN: Milkweed Editions.

Weintrobe, S. (2012). The difficult problem of anxiety when think ing about climate change. In: S. Weintrobe (Ed.), *Engaging with Climate Change* (pp. 33–47). London: Routledge.

Weintrobe, S. (2013). *Response to Polly Higgins: "The Earth Needs a Good Lawyer"*. Climate Psychology Alliance Conference, "Psyche, Law and Justice", London.

Weller, F. (2015). *The Wild Edge of Sorrow: Rituals of Renewal and the Sacred Work of Grief*. Berkeley, CA: North Atlantic. Wilson, E. O. (1984). *The Biophilia Hypothesis*. Covelo, CA: Shear water.

Woodbury, Z. (2019). Climate trauma: toward a new taxonomy of trauma. *Ecopsychology*, 11(1): 1–8.

【附錄二】

荒野保護協會簡介

荒野的誕生

荒野保護協會成立於 1995 年 6 月 25 日，以教育推廣、棲地保育等方式，守護臺灣的自然生態環境。總會設立於臺北，全臺共有 11 個分會、1 個分會籌備處、3 個聯絡處及 5 個海外夥伴，累計至目前共有 2 萬多位會員，持續用公民的力量參與自然守護工作。

荒野的宗旨

透過購買、長期租借、接受委託或捐贈，取得荒地的監護與管理權，將之圈護，盡可能讓大自然經營自己，恢復生機。讓我們及後代子孫從刻意保留下來的臺灣荒野中，探知自然的奧妙，領悟生命的意義。

荒野的任務

1. 保存臺灣天然物種
2. 讓野地能自然演替
3. 推廣自然生態保育觀念
4. 提供大眾自然生態教育的環境與機會
5. 協助政府保育水土、維護自然資源
6. 培訓自然生態保育人才

如何加入荒野

參與活動：定期舉辦自然生態講座、自然體驗活動、志工培訓課程

加入志工：親自體驗自然生態的困境與美好，成為溫柔革命的力量

成為會員：有您的支持，荒野保護協會在環境保護的道路上持續而堅定

捐款贊助：穩定的財源是環境保護與教育推廣的溫暖泉源

荒野保護協會的生態心理工作

☆ 2010 年翻譯出版《生態心理學》。舉辦「2010 生態
  心理季」，結合環境保護界與心 理衛生界三十餘個組
  織倡議環保與心靈工作 的協同合作。

☆ 2011 年繼續舉辦生態心理季，並邀請約翰·席德
  （John Seed）辦理臺灣首次「眾生大會工作坊」（The
  Councilof AllBeingsWorkshop），幫助參加者培養生態
  自我，深化心靈感受。此後荒野不定期舉辦眾生大
  會工作坊，推廣深層生態學與生態心理學的體驗與
  思維。

☆ 2011 年 11 月荒野承辦「第十屆亞太 NGO 環境會
  議」，再度邀請約翰·席德來臺擔任大會主演講者。
  並於會中召集辦理「深層生態學、生態心理學與生態
  靈性」論壇。

☆ 2012 年起，於每年前半年招募「生態心理志工」，
  培養生態環保圈的心戰團隊、心理衛生圈的野戰團
  隊，推動生態心理工作，宣廣生態心理學的觀點。

☆ 2013 年，邀請《失靈的大地》一書主編英國生態心
  理學者羅斯特（Mary-Jayne Rust）訪臺舉辦生態心理
  工作坊，並參與心理治療與心理衛生聯合年會，共
  同推動生態環保與心理衛生圈的合作與交流。

☆目前荒野持續推動生態心理學的引進與志工訓練工作。歡迎對此領域有興趣的朋友加入。

相關訊息請參考：

Facebook 社團「生態心理學」

網址｜http://fb.com/groups/91142312735/

臉書社團「生態心理學」

社團法人中華民國荒野保護協會 電話｜02-2307-1568

官網｜www.sow.org.tw

地址｜100 台北市中正區詔安街 204 號

荒野保護協會官網

人類所謂的荒野

是人用有限的眼光

從短視的經濟角度來思量

它就成了沒有價值的地方

荒野其實不荒

它蘊藏著無限生機

充滿著形形色色的物種

更是野生動物的天堂

人應學習從生態的角度來看待它

那麼荒野不只有情

還藏有解開生命奧秘的智慧

總有一天人類會知道

荒野　是我們留給後代

最珍貴的遺產

創會理事長／徐仁修

Holistic 149

地球就是諮商室
超越人類中心主義，邁向生態心理治療
Towards an Ecopsychotherapy
作者—瑪莉-珍‧羅斯特 Mary-Jayne Rust
譯者—周大為、陳俊霖、劉慧卿
審訂—陳俊霖
合作出版—社團法人中華民國荒野保護協會

出版者—心靈工坊文化事業股份有限公司
發行人—王浩威　總編輯—徐嘉俊
責任編輯—黃心宜　特約編輯—王聰霖
封面設計—Fiona　內文排版—旭豐數位排版有限公司

通訊地址—106台北市信義路四段53巷8號2樓
郵政劃撥—19546215　戶名—心靈工坊文化事業股份有限公司
電話—02）2702-9186　傳真—02）2702-9286
Email—service@psygarden.com.tw　網址—www.psygarden.com.tw

製版‧印刷—中茂分色製版印刷股份有限公司
總經銷—大和書報圖書股份有限公司
電話—02）8990-2588　傳真—02）2290-1658
通訊地址—248新北市新莊區五工五路2號（五股工業區）
初版一刷—2022年07月　ISBN—978-986-357-244-2　定價—320元

Towards an Ecopsychotherapy
The original English language work has been published by:
Confer Books, an imprint of Confer Ltd., London
Copyright © 2020.
Complex Chinese translation copyright © 2022 by PsyGarden Publishing Company
ALL RIGHTS RESERVED

國家圖書館出版品預行編目資料

地球就是諮商室：超越人類中心主義，邁向生態心理治療
/瑪莉-珍‧羅斯特(Mary-Jayne Rust)著；周大為、陳俊霖、劉慧卿譯. -- 初版. -- 臺北市：
心靈工坊文化事業股份有限公司, 2022.07
　面；　公分
譯自：Towards an Ecopsychotherapy

ISBN 978-986-357-244-2 (平裝)

1.CST: 環境心理學 2.CST: 環境生態學 3.CST: 心理治療

172.83　　　　　　　　　　　　　　　　　　　　　111010765

心靈工坊 🌱 書香家族 讀友卡

感謝您購買心靈工坊的叢書，爲了加強對您的服務，請您詳填本卡，
直接投入郵筒（免貼郵票）或傳真，我們會珍視您的意見，
並提供您最新的活動訊息，共同以書會友，追求身心靈的創意與成長。

書系編號—Holistic 149　書名—地球就是諮商室：超越人類中心主義，邁向生態心理治療

姓名 ＿＿＿＿＿＿＿＿＿＿＿＿＿＿　是否已加入書香家族？□是 □現在加入

電話 (O) ＿＿＿＿＿ (H) ＿＿＿＿＿　　　手機 ＿＿＿＿＿

E-mail ＿＿＿＿＿ 生日 ＿ 年 ＿ 月 ＿ 日

地址 □□□ ＿＿＿＿＿＿＿＿＿＿＿＿＿＿＿＿＿＿＿＿＿＿＿＿＿

服務機構 ＿＿＿＿＿＿ 職稱 ＿＿＿＿＿＿

您的性別—□1.女 □2.男 □3.其他

婚姻狀況—□1.未婚 □2.已婚 □3.離婚 □4.不婚 □5.同志 □6.喪偶 □7.分居

請問您如何得知這本書？
□1.書店 □2.報章雜誌 □3.廣播電視 □4.親友推介 □5.心靈工坊書訊
□6.廣告DM □7.心靈工坊網站 □8.其他網路媒體 □9.其他

您購買本書的方式？
□1.書店 □2.劃撥郵購 □3.團體訂購 □4.網路訂購 □5.其他

您對本書的意見？
□ 封面設計　1.須再改進 2.尚可 3.滿意 4.非常滿意
□ 版面編排　1.須再改進 2.尚可 3.滿意 4.非常滿意
□ 內容　　　1.須再改進 2.尚可 3.滿意 4.非常滿意
□ 文筆／翻譯　1.須再改進 2.尚可 3.滿意 4.非常滿意
□ 價格　　　1.須再改進 2.尚可 3.滿意 4.非常滿意

您對我們有何建議？

＿＿＿＿＿＿＿＿＿＿＿＿＿＿＿＿＿＿＿＿＿＿＿＿＿＿＿＿＿

本人同意 ＿＿＿＿＿＿＿（請簽名）提供(真實姓名/E-mail/地址/電話等資料)，
以作為心靈工坊(聯絡/寄貨/加入會員/行銷/會員折扣等)之用，詳細內容請參閱
http://shop.psygarden.com.tw/member_register.asp。

廣　告　回　信
台北郵政登記證
台北廣字第1143號
免　貼　郵　票

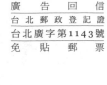

10684台北市信義路四段53巷8號2樓
讀者服務組　收

免　貼　郵　票

（對折線）

加入心靈工坊書香家族會員
共享知識的盛宴，成長的喜悅

請寄回這張回函卡（免貼郵票），
您就成為心靈工坊的書香家族會員，您將可以——

⊙隨時收到新書出版和活動訊息

⊙獲得各項回饋和優惠方案